Wassermann

21. Januar – 19. Februar

P. MICHEL / A. WAGNER

Wassermann

21. Januar – 19. Februar

tosa

Texte von P. Michel und A. Wagner
Umschlag und Coverillustration von Joseph Koó

Carl Ueberreuter Ges.m.b.H., 1090 Wien, Alser Straße 24
Druck: Druckerei Theiss GmbH, A-9431 St. Stefan im Lavanttal

www.tosa-verlag.com

Inhalt

Vorwort 11
Einleitung 13
Das Grundwissen 14

Kapitel 1: Grundsätzliches über den Wassermann 25

Der Wassermann im Tierkreis 27
Der freiheitsliebende Wassermann 28
Der Wassermann und seine Mitmenschen 33
Wie lebt man mit einem Wassermann 37
Der Wassermann und sein Lebensstil 42

Kapitel 2: Der Wassermann im Beruf 45

Begabungen und Talente 47
Abneigungen 51
Vorgesetzte und Mitarbeiter 54
Selbständigkeit 57

Kapitel 3: Der Wassermann und die Liebe 63

Der Abwechslung Liebende 65
Der Wassermann-Mann 71
Die Wassermann-Frau 75
Der Wassermann und seine Beziehungen 80
Sexualität: Der Wassermann-Mann 91
Sexualität: Die Wassermann-Frau 95

Kapitel 4: Gesundheit 97
Allgemeine Ratschläge 99
Die Schwachzonen des Wassermanns 101
Ein guter Rat an den Wassermann 103
Sanfte Heilweisen für den Wassermann 105

Kapitel 5: Essen und Trinken 111
Der Wassermann in der Küche 113
Der Wassermann und seine Gäste. 115
Die Lieblingsgerichte des Wassermanns 117
Wie ich einen Wassermann verwöhne 119
Genießer oder Asket 120

Kapitel 6: Kinder. 123
Mein kleiner Wassermann 125
Die Schulzeit 130
Wassermann-Kinder und ihre Spielgefährten. 132

Kapitel 7: Freizeit 133
Die Reiseländer des Wassermanns 135
Der Wassermann und seine Hobbys 137

Kapitel 8: Der Mond und die Tierkreiszeichen . . 141
Allgemeines über den Mond. 143

Kapitel 9: Berühmte Wassermänner 159
Berühmte Frauen. 161
Berühmte Männer 162

Die Autoren. 163
Nützliche Anschriften 164

Vorwort

Wenn Sie jetzt dieses Buch in Händen halten, so sind Sie höchstwahrscheinlich ein Wassermann oder zumindest am Sternzeichen Wassermann interessiert. Vielleicht leben Sie eine temperamentvolle Beziehung mit einem Wassermann, oder möglicherweise ist Ihr Chef ein Wassermann. Zumindest möchten Sie etwas mehr über den Wassermann erfahren.

Es ist immer eine spannende Angelegenheit, etwas über sich selbst oder einen anderen Wassermann zu erfahren. Die nachfolgenden Seiten wollen Ihnen einen Gesamtüberblick über die vielfältigen Seiten des Wassermanns vermitteln. Wenn Sie selbst ein Wassermann sind, haben Sie sich wahrscheinlich ohnehin schon über das Inhaltsverzeichnis mit dem Buch vertraut gemacht. Trotzdem sollte das Buch bei der Lektüre noch einige Überraschungen für Sie bereithalten. Vielleicht wird es Sie auch das eine oder andere Mal zum Schmunzeln bringen. Das ist so beabsichtigt!

Das *Sternzeichen* eines Menschen zeigt uns dessen bestimmte Merkmale auf, es kann allerdings kein vollständiges Bild einer Persönlichkeit liefern. Dazu bedarf es eines umfassenden Horoskops.

Es wird Ihnen sicher schon aufgefallen sein, daß es auch innerhalb eines Sternzeichens unterschiedliche Menschen gibt. Das zeigt uns, daß man nicht alle Widder, Stiere oder Jungfrauen über einen Kamm scheren kann. Trotzdem lassen sich viele verblüffende Ähnlichkeiten feststellen, die viel zu eindeutig sind, um als Zufall erklärt zu werden. Bestimmte Muster kehren innerhalb eines Sternzeichens immer wieder. Deshalb lohnt es sich, etwas mehr über die verschiedenen Aspekte eines Sternzeichens zu verstehen. Wenden wir uns also der geheimnisvollen Welt des Wassermanns zu.

Einleitung

Gehören auch Sie zu jenen Menschen, die zwar ihren Freunden und Kollegen gegenüber stets betonen, nichts von dieser „Sterndeuterei“ zu halten, aber heimlich doch fast jedes Illustriertenhoroskop lesen? Natürlich nur zum Spaß!

Wir vermuten einmal, Sie haben ein gewisses Interesse an der Astrologie, kennen sich aber noch nicht sehr gut aus. Daher sind die nachstehenden Gedanken über die Wissenschaft der Astrologie für Sie vielleicht hilfreich, um Ihnen zumindest Grundkenntnisse der alten Sternenweisheit zu vermitteln. Außerdem versprechen wir Ihnen mehr Freude am Lesen als bei den etwas eintönigen Zeitschriftenhoroskopen!

Wenn Sie zu den Befürwortern der Astrologie gehören – und ihre Zahl nimmt bekanntlich ständig zu –, werden Sie mit diesem Buch endlich genügend Argumente in die Hand bekommen, um Ihren Freunden und Kollegen zu beweisen, warum sich die Widder-Frau aus der Buchhaltung mit dem Jungfrau-Abteilungsleiter so in die Haare kriegen konnte.

Das Grundwissen

Normalerweise weiß jeder Mensch, zu welchem Sternzeichen er gehört. Das Tierkreiszeichen richtet sich nach dem Stand der Sonne zum Zeitpunkt Ihrer Geburt. Wenn Sie also beispielsweise am 10. März geboren sind, gehören Sie, astrologisch gesprochen, zu den Fischen. Denn an diesem Tag stand die Sonne im Zeichen der Fische. Wurden Sie dagegen am 10. April geboren, sind Sie astrologisch ein Widder. Sie finden normalerweise ganz schnell heraus, zu welchem Zeichen Sie gehören, es sei denn, Sie fallen genau in den Wechsel zwischen zwei Zeichen, dann kann es von Bedeutung sein, Ihre Geburtsstunde genau zu ermitteln und einen Astrologen zu befragen, zu welchem Zeichen Sie gehören.

Der Sonnenstand, also Ihr Sternzeichen, gibt Ihnen Auskunft darüber, wie Sie „in Ihrem Inneren" wirklich sind. Die Astrologie, wenn sie ernsthaft betrieben wird, vermag natürlich weitaus mehr über die Persönlichkeit eines Menschen auszusagen, aber wir wollen es in diesem Buch einmal beim Sonnenstand, dem Sternzeichen, und dem Stand des Mondes bewenden lassen. Als Hinweis für die etwas Fortgeschritteneren unter den Lesern sei nur erwähnt, daß der „Aszendent" zum Ausdruck bringt, wie Sie der Umwelt gegenüber erscheinen, während die Stellung des Mondes, auf die wir im Kapitel 8 näher eingehen, im Horoskop wesentlich für Ihr Seelenleben und Ihre Gefühlswelt ist.

Es ist keine große Mühe, den Aszendenten und die Stellung

des Mondes im Horoskop zu ermitteln. Selbst ein Astrologieautomat am Bahnhof oder Flughafen druckt Ihnen schnell diese Daten aus, wenn Sie ihn mit Ihrem Geburtsdatum und Ihrem Geburtsort füttern. Mit unserer Sternzeichen-Serie haben Sie dann das Werkzeug in der Hand, um mehr über sich selbst zu erfahren.

Die Geschichte der Astrologie

Das Wort „Astrologie“ setzt sich aus den beiden griechischen Wörtern „Astron“ (Stern) und „Logos“ (Wort, Weisheit) zusammen. Wenn man es wörtlich übersetzen möchte, könnte man von der „Sprache der Sterne“ oder besser von der „Sternenweisheit“ sprechen.
Das wichtigste Grundwerkzeug für die Astrologie ist das

Horoskop, ein weiteres Wort aus dem Griechischen, das am treffendsten mit „Stundenzeiger“ übersetzt wird. Im Horoskop wird nach astronomischen Grundsätzen die Stellung der Gestirne im Augenblick der Geburt aufgezeichnet. Da es einige schnell laufende Planeten gibt, können manchmal wenige Minuten ein deutlich verändertes Horoskop ergeben. Es ist daher für eine eindeutige astrologische Deutung wichtig, möglichst genau die Geburtszeit zu ermitteln. Sollten also demnächst einige dieser Sternenkinder bei Ihnen vorbeischauen, versuchen Sie auch in der Aufregung der Geburt mit einem Auge auf die Uhr zu schauen. Sie werden später dafür dankbar sein – und Ihre Kinder auch!

Die Ursprünge

Die Anfänge der Astrologie verlieren sich im Dunkel der Geschichte. Zu allen Zeiten hat das sternenübersäte Himmelszelt die Menschen mit Ehrfurcht erfüllt. Viele Religionen haben sogar Gott oder die Götter am Sternenhimmel angesiedelt, denn die Menschen suchten stets nach einem „sichtbaren“ Ausdruck dieser verborgenen Kräfte, von deren Wirken sie nichts wußten.
Die Babylonier, etwa im 4. Jahrtausend v. Chr., scheinen die ersten gewesen zu sein, die sich die Frage stellten, ob die Bewegung der Gestirne möglicherweise eine verborgene Botschaft der Götter darstellte. Also begannen sie, die Bewegung der Lichter am Sternenhimmel aufzuzeichnen, und sie stellten eine gewisse Regelmäßigkeit fest. Was lag also näher, als die Gesetzmäßigkeiten festzuhalten. So entstand der erste Kalender!
Auch die Ägypter, von deren tiefem Wissen heute nur noch

die Pyramiden und einige alte Tempelruinen Zeugnis ablegen, waren historisch die nächsten, etwa 2500 v. Chr., die sich in die Deutung der Gestirne vertieften. Sie kleideten ihr Wissen in Mythen und Sagen, aber die eingeweihten Priester vermochten sie zu deuten und ihren tiefen Sinn zu entschlüsseln. Zu jener Zeit war das astrologische Wissen nur wenigen Eingeweihten vorbehalten.

Wenn C. G. Jung, der große Psychologe, später diese Sternenweisheit als den „symbolischen Ausdruck für das innere, unbewußte Drama der Seele" bezeichnete, so fand er nur neue Worte für ein altes Wissen.

Nach den Ägyptern kamen die Griechen. Auch sie versuchten die Beobachtung des Sternenhimmels zum Erkennen des Schicksals heranzuziehen. Die große griechische Kultur gab der Astrologie, wie auch der gesamten abendländischen Kultur, ihre im wesentlichen heute noch gültige Form. Sie befinden sich also, wenn Sie die Astrologie ernst nehmen, in bester Gesellschaft!

Die Geburtsastrologie

Die Griechen waren es, die erkannten, daß auch die unregelmäßigen Vorgänge am Sternenhimmel, die scheinbar „unberechenbaren“ Bewegungen der Gestirne, die den Babyloniern als „Omen“ gegolten hatten, bestimmten Gesetzmäßigkeiten gehorchten und daher vorausberechenbar waren. Von diesem Augenblick an verlor die Anschauung, daß die Götter den Menschen so ein Zeichen geben wollten, ihre Anhänger. Die alten Sterndeuter begannen eine individuelle Geburtsastrologie zu entwickeln.
Wichtig für das Verständnis der modernen Astrologie wurde in diesem Zusammenhang ein Satz von Thomas von Aquin: „Die Sterne machen geneigt, aber sie zwingen nicht!“ Diese Erkenntnis setzte sich in weiten Kreisen allmählich durch und findet auch heute immer mehr Anhänger. Damit wird für den einzelnen Menschen deutlich, welche Bedeutung das astrologische Wissen für ihn besitzt. Es hilft ihm, Anlagen, Neigungen, Begabungen oder Talente zu erkennen und zu fördern. Gleichzeitig kann ihn die Astrologie auf Schwächen, Gefährdungen oder problematische Neigungen hinweisen. Immer aber bleibt es in der Verantwortung des einzelnen Menschen, sein Leben selbst in die Hand zu nehmen!

Die Tierkreiszeichen im Laufe des Jahres

Der *Widder,* das erste Zeichen im Tierkreis, steht für den drangvollen, stürmischen Beginn des Frühlings. Da mit der Frühlings-Tagundnachtgleiche etwas Neues beginnt, setzten die Astrologen der Antike den Widder an die erste Stelle im Tierkreis. Der Winter wird kraftvoll vertrieben. Alles kommt natürlich viel zu früh. Die Krokusse stecken schon ihre Köpfchen durch die Erde, wenn noch Schneeflocken durch die Luft wirbeln. Aber so ist es ja immer beim Widder. Er ist nicht zu bremsen, und schließlich überwindet er ja auch Schnee und Eis und verhilft dem Frühling zum Durchbruch.

Dann kommt der *Stier* und bringt den Frühling in voller Pracht zum Ausdruck. Der „Wonnemonat“ Mai beginnt. Es ist eine Zeit der Sinnlichkeit und der Hingabe. Menschen vertrauen einander, sind gutmütiger als normal; aber sie sind auch stärker materiell ausgerichtet. Alles wird etwas gelassener und langsamer.

Als letzten im Frühling treffen wir den *Zwilling*. Mit ihm geht der maienhafte Frühling, und die Baumblüte setzt ein. Die Verästelungen bilden sich, und alles wird komplizierter. Aber der Zwilling bringt auch Wachstum, Zergliederung und Oberflächlichkeit.

Der *Krebs* kommt mit der Sommersonnenwende. Der Sommer beginnt. Die Tage sind am längsten, die Nächte nur kurz. Die Wachstumskräfte treten nach außen, und die Samenbildung beginnt. Die Empfindsamkeit und die Empfindlichkeit nehmen zu, aber auch die Empfänglichkeit und das Schwankende. All dies werden Sie beim Sternzeichen Krebs wiederfinden!

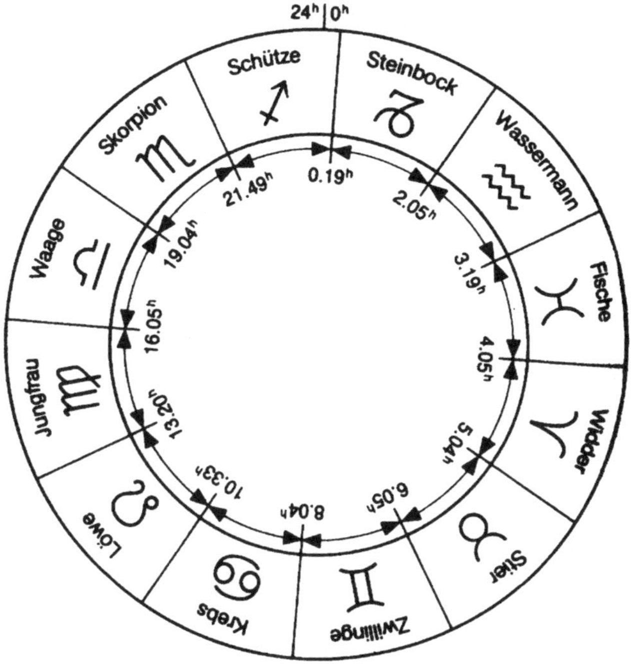

Den *Löwen* finden wir in der Mitte des Sommers. Die Früchte werden reif, und die Sonne durchglüht die Erde. Es ist die heißeste Zeit des Jahres, und die Natur erstrahlt in sommerlicher Fülle. Herzens- und Willensmenschen sind jetzt in ihrem Element. Alles strotzt vor Selbstbewußtsein, Großzügigkeit und überschäumender Lebenskraft.

Mit der *Jungfrau* geht der Sommer zur Neige. Der Himmel ist strahlend klar und blau. Die Erntezeit beginnt. Die Natur stellt sich auf den Beginn eines neuen Lebenszyklus ein. Jetzt geht es um das Ordnen, Sichten und Unterscheiden. Eine sachliche Einstellung ist wichtig, um die Ernte wohlbehalten einzubringen. Es ist von entscheidender Bedeutung, vorsichtig vorzugehen. Man darf nicht zu früh und nicht zu spät ernten. In diesem Geschehen kann eine gewisse Ängstlichkeit heranwachsen.

Mit der *Waage* beginnt der Herbst. Tage und Nächte sind gleich lang. Die Winterhälfte des Jahres hält ihren Einzug. Noch halten sich sommerliche Wärme und winterliche Kälte das Gleichgewicht, und noch immer ist der Himmel hell und freundlich. Die Waage bringt zudem eine wahre Blumenpracht mit sich. Die Sonnenuntergänge zeigen ein herrliches Lichtspiel, und das Streben nach Harmonie ist besonders ausgeprägt. Ein großer Schaffensdrang steht in Konflikt mit mangelnder Durchsetzungskraft. Dafür finden wir bei der Waage ein feines Anpassungsvermögen.

Der *Skorpion* ist der „Todesmonat“. Er bringt steigende Morgen- und Abendnebel. Das letzte Laub fällt von den Bäumen. Der Skorpion hinterläßt kahle Bäume; aber dennoch zeigen sich an einigen Ästen bereits wieder zarte

Knospen. Es ist eine Zeit des Sterbens und Werdens. Der Skorpion ist zäh und ausdauernd. Er bringt alle Dinge schnell auf den Punkt. Bei ihm finden sich offene Aggressivität und leidenschaftliche Hingabe sowie ein grüblerischer Erkenntnistrieb.

Mit dem *Schützen* neigt sich der Herbst dem Ende zu. Der Winter sendet seine Vorboten über das Land. Der Todesschlaf der Natur kündigt sich bereits an. Die Dämmerungen bringen eine gewisse Schwermütigkeit; aber die Vorweihnachtszeit schenkt etwas Licht. Die Felder sind kahl und verlassen, die Beete abgeerntet und die Gärten leer. Die Stimmung des Schützen ist jedoch voller Idealismus, und deshalb haben es wohltätige Veranstaltungen in der Adventszeit leichter! Religion und Sinnsuche streben ihrem Höhepunkt zu.

Der *Steinbock* bringt das Weihnachtsfest und die Wintersonnenwende. Die längsten Nächte des Jahres sind zu überstehen. Das Licht kämpft mit der Finsternis, um neu ins Leben zu treten. In der Natur herrscht völlige Lebensstarre. Die Welt ist von Eis und Schnee bedeckt. Die Luft ist schneidend und von klirrender Kälte. Der Steinbock kämpft sich jedoch mit unermüdlicher Beharrlichkeit durch. Wir finden zudem Entsagung, Konzentrationsfähigkeit und Sachlichkeit bei ihm, die allerdings mit Teilnahmslosigkeit und Hochmut einhergehen können.

Im *Wassermann* steht der Winter in voller Blüte. Alles Leben ist unter Schnee und Eis verborgen. Am Tage kann die Wintersonne hell blenden, in der Nacht sind die Sterne klar zu erkennen. Es ist die kälteste Zeit des Jahres. Die weiße Schneedecke vermittelt ein Gefühl von Freiheit und Unbegrenztheit. Dem Wassermann sind gesellschaftliche Normen unwichtig; er lebt seinen totalen Freiheitstrieb.

Im Zeichen der *Fische* geht der Winter in den Frühling über. Die Fastenzeit beginnt, und die Schneeschmelze setzt ein. Alles Erstarrte löst sich, und alles Tote wird zu neuem Leben erweckt. Der Erdboden weicht auf, und der menschliche Körper wird verwandelt. Im Zeichen der Fische kommt es auch zu den meisten Todesfällen! Der Fisch neigt zudem zu einer Flucht aus der realen Welt. Unter den Fischen finden wir allerdings auch viele Gemütsmenschen mit echter Nächstenliebe.

Damit ist unsere kurze Wanderung durch die Tierkreiszeichen abgeschlossen, und wir können uns jetzt genauer mit dem elften Zeichen beschäftigen – dem Wassermann.

Kapitel 1

Grundsätzliches über den Wassermann

Der Wassermann im Tierkreis

Das Zeichen

Der Wassermann ist ein Luft-Zeichen. Er ist das elfte Zeichen im Tierkreis und erstreckt sich im Kalenderjahr vom 21. Januar bis zum 19. Februar.

Das Zeichen und der Planet

Dem Wassermann wird der Uranus zugeordnet, der griechische Gott des Himmels.

Das Zeichen und der Edelstein

Dem Wassermann wird der Amethyst und der Aquamarin zugeordnet sowie das Metall Aluminium.

Das Zeichen und seine Farbe

Für den Wassermann sind Farben in der blauen und grünen Schattierung charakteristisch, vor allem liebt er den blaßtürkisen Farbton.

Das Zeichen und seine Tiere

Dem Sternzeichen Wassermann werden große Vögel zugeordnet, die das Leben aus der Höhe betrachten und weite Strecken fliegen. Es wird sich noch zeigen, auf welche Weise manche Eigenarten dieser Tiere auch in gewisser Weise beim Wassermann aufzufinden sind.

Der freiheitsliebende Wassermann

Nur keine Langeweile

Beim Wassermann haben wir es mit dem Vertreter des Tierkreises zu tun, der besonders unter Langeweile leiden kann. Wassermänner (und Wasserfrauen!) suchen in allem und jedem die Abwechslung. Nur nicht fünfmal hintereinander die gleiche Geschichte erleben!

Immer neue Ideen

Wassermänner sind Wesen, die ständig mit Veränderungen leben. Sie wollen jeden Tag neu und abwechslungsreich gestalten. Aufgrund dieser Einstellung sind sie immer beschäftigt, die neuen Impulse umzusetzen. Ein Wassermann findet kaum Zeit für Ruhe und Muße, da sein Ideenreichtum sie ununterbrochen auf Trab hält.
Es wird daher nicht verwundern, wenn das Zeichen des Wassermanns als das „Zeichen der Erfinder" gilt. Die Fülle an Ideen führt letztlich auch zu vielen neuen Errungenschaften. Bedauerlich ist es nur, wenn ein Wassermann nicht die Fähigkeit besitzt, seinen Ideenreichtum auch zu verwirklichen, sondern nur im Ideellen verhaftet bleibt.

Planung ist notwendig

Der Wassermann läuft ständig Gefahr, sich zu verzetteln

und in unbedeutenden Kleinigkeiten zu verlieren. Er hat ausgesprochene Schwierigkeiten damit, seine Zeit einzuteilen und seinen Tag zu planen.
Da im Zeichen des Wassermanns Geborene ständig für Neues offen sind, bieten sich ihnen auch ständig neue Möglichkeiten. Das führt dazu, daß sich hinter ihnen eine Spur von unabgeschlossenen Projekten herzieht.

Ständig neue Horizonte

Das Leben des Wassermanns wird in bunten Farben gemalt. Eintönigkeit und Tristesse sind seine Sache nicht! Er liebt die Vielseitigkeit und Farbenpracht des Lebens und ist für alles Neue sowie auch für alles Fremde ausgesprochen offen. Alle diese fremdartigen und unbekannten Impulse schenken ihm neue Horizonte und bieten ihm inspirierende Anregungen.
Darin liegt für den Wassermann das „Salz des Lebens“ begründet, ohne daß ihm die „Lebenssuppe“ fad schmekken würde!

Jagdfieber

Da Wassermänner prinzipiell an allem interessiert sind, solange es nur neu und abwechslungsreich ist, befinden sie sich ständig auf der Jagd nach neuen Ideen und Projekten. Auch wenn die Wassermänner Schwierigkeiten haben, bei dieser Lebensführung einmal etwas wirklich abzuschließen, so liefern sie doch ihrer Umwelt ständig neue Anregungen.
Mit Wassermännern und Wasserfrauen ist es niemals langweilig!

Das Chamäleon

Wassermänner verfügen über so viele Facetten und eine solche unglaubliche Vielfalt in ihren Wesen, daß es ihrer Umgebung schwerfällt, sie einzuordnen. Für nicht wenige Menschen bleibt der Wassermann sein Leben lang ein einziges großes Rätsel.

Wenn Sie glauben, einen Wassermann heute verstanden zu haben, so werden Sie schon bald mit Verblüffung feststellen müssen, daß morgen oder übermorgen wieder ein anderes Wesen vor Ihnen steht!

Das Multi-Talent

Aufgrund ihrer Vielseitigkeit sind Wassermänner die reinsten Multi-Talente. Sie verstehen von allem etwas und sind ausgesprochen flexibel. Es fällt dem Wassermann selten schwer, sich mit einer neuen Situation anzufreunden und auf einem neuen Sachgebiet zurechtzufinden. Seine Offenheit und weit gespannte Interessenslage macht dies möglich.

Zwischen Phantasie und Phantasterei

Einerseits sind die im Zeichen des Wassermanns geborenen Menschen ausgesprochen phantasievoll und warten ständig mit neuen Ideen auf; andererseits aber können sie auch in den Ruf des Phantasten geraten, der nur noch vor sich hin spinnt und vollständig abgehoben hat.

Es ist für nicht wenige Wassermänner daher eine Gratwanderung zwischen Phantasie und Phantasterei. Auf der einen Seite werden sie so zu äußerst interessanten Menschen, auf der anderen Seite fallen sie in die Rolle des Exzentrikers und wirren Außenseiters.

Die grenzenlose Freiheit

Wassermänner sind ausgesprochen ungebundene Wesen. Sie lieben ihre Freiheit über alles und sind immer auf der Suche nach neuen Freiräumen und grenzenlosen Sphären. Wassermänner ertragen schon geschlossene Türen und Fenster nur schwer, da sie ihnen ein Gefühl von Beengung oder Begrenzung vermitteln. Statt dessen lieben sie es, wenn sich ihnen die Möglichkeit bietet, schon früh am Morgen mit dem Wind über die Felder zu streifen. Was für ein Gefühl von Freiheit!

Jenseits der Normen

Ihr großer Freiheitsdrang läßt die Wassermänner natürlich zwangsläufig auch zu Freigeistern werden, die sich nur äußerst widerwillig, wenn überhaupt, in starre Normen oder festgelegte Zwänge pressen lassen.
Der Wassermann wird immer Ausschau nach einer Hintertür halten, die ihm offensteht. Andernfalls würde er sich geradezu eingesperrt fühlen. Für den Wassermann muß das Leben im Fluß bleiben und darf niemals erstarren!

Fehlender Tiefgang?

Der Wassermann neigt nicht zu tiefen, ein wenig triefenden Gefühlen. Er ist viel zu sehr in Bewegung, um sich darauf einzulassen. Dies führt dazu, daß ihm nicht selten

Oberflächlichkeit und fehlender Tiefgang vorgeworfen werden. Doch erfolgt dies in den allermeisten Fällen zu Unrecht. Es handelt sich bei ihm nicht um oberflächliches Dahinleben, sondern der Wassermann ist einfach immer „auf dem Sprung“. Dies ist seine Art, das Leben zu gestalten und zu bewältigen.

Fehlende Menschenkenntnis

Seine überaus große Offenheit, seine Spontaneität und seine schnell aufflammende Begeisterung führen dazu, daß es dem Wassermann häufig an klarer Menschenkenntnis fehlt. Hier könnte er noch einiges aufarbeiten und würde sich dadurch manche menschliche Enttäuschung ersparen, die ihm immer wieder widerfährt.
Erstaunlicherweise steckt ein Wassermann jedoch menschliche Enttäuschungen in Windeseile weg, so als würde er sie überhaupt nicht registrieren. Zudem zeigt er die überaus angenehme Eigenschaft, dem anderen leicht zu verzeihen und neu zu beginnen. Vielleicht muß man den Menschen oder die Sache ja nur von einer anderen Seite betrachten – und dazu ist ein Wassermann jederzeit bereit!

Der Fortschrittliche

Wassermänner sind eher das Gegenteil des konservativen Traditionalisten. Sie sind immer offen für den Fortschritt, neue Erfindungen oder Errungenschaften. Grundsätzlich zieht sie alles Neue ausgesprochen an. Zudem verfügt der Wassermann über einen klaren Verstand, der ihm in der Öffentlichkeit manchmal eine gewisse intellektuelle Note verleiht.

Anteilnahme und Distanz

Wassermänner und Wasserfrauen sind liebenswert, charmante Menschen, die allerdings in den meisten Fällen das Leben mit etwas Abstand erleben. Sie können durchaus die herzzerreißendsten Gefühle verstehen, werden aber eher etwas Abstand nehmen, wenn sie ihnen selbst zu nahe kommen wollen.
Sie stehen den Gefühlen ihrer Mitmenschen neugierig und verwundert gegenüber, nehmen dabei durchaus Anteil, behalten aber in allen Lebenslagen immer einen gewissen inneren und äußeren Abstand.

Der Wassermann und seine Mitmenschen

Die Hilfsbereiten

Wassermänner zeigen stets eine große Hilfsbereitschaft in allen Lebenslagen. Wenn Not am Mann (oder an der Frau) ist, wird der Wassermann schnell zur Stelle sein. Allerdings darf er nicht das Gefühl haben, zur Hilfe genötigt zu werden. Das behagt einem Wassermann überhaupt nicht. Er wird seine Hand (oder auch beide!) gerne freiwillig reichen und mit ihnen zupacken. Er wird zudem in schwierigen Lebenslagen mit einer Fülle an guten Einfällen aufwarten, unter denen in der Regel auch die Lösung für die betreffende Situation ist.

Immer wieder eine Chance

Wassermänner zeigen sich selten beleidigt oder verletzt und sind schon gar nicht nachtragend. Sie verzeihen und verzeihen und verzeihen. Eine schöne Charaktereigenschaft!

Sie werden einem Menschen immer wieder eine neue Chance geben, zumal sie fest davon überzeugt sind, daß sich alles ändern kann – und das Leben sowieso!

Immer auf dem Sprung

Im Tierkreis kann nur noch einer dem Wassermann in bezug auf Hektik und Unruhe das Wasser reichen – der Zwilling. Der Wassermann befindet sich grundsätzlich immer auf dem Sprung und zeichnet sich nicht selten durch eine äußerst nervöse Natur aus.

Wenn man Wassermänner beobachtet, gewinnt man häufig den Eindruck, daß sie selten sitzen, aber gerne abheben. Ein wenig mehr Erdanziehung würde dem luftigen Wassermann durchaus gut bekommen!

Der Gesellige

Wassermänner gehören zu den ausgesprochen geselligen Typen. Frauen wie Männer findet man häufig auf Partys oder in In-Kneipen. Sie umgeben sich gerne mit Heiterkeit und fröhlichen sowie interessanten Menschen.

Der Einsiedler dürfte unter den Wassermännern die große Ausnahme darstellen. Zwar kann der Wassermann innerlich einsam sein oder auf einem einsamen Weg gehen, doch wird ihm das selten wirklich bewußt, weil

sein Leben sich nahezu vollständig im Äußeren abspielt.
In Krisenzeiten könnte der Wassermann allerdings einige prägende Erfahrungen auf diesem Feld durchleben.

Action

Vor allem jüngere Wassermänner lieben, wie es so schön heißt, die „Action"! Eintönigkeit und Langeweile lehnen sie rigoros ab und werden geschickt versuchen, um solche Menschen oder Situationen einen großen Bogen zu schlagen.
Ein Wassermann will, daß etwas „los" ist! Er möchte mit neuen Ideen und Anregungen gefüttert werden und bringt diese auch selbst ein.

Das Anderssein

Im Zeichen des Wassermanns Geborene leben immer aus ihren Idealen heraus, die vollständig ihr Leben bestimmen. Dabei werden sie häufig versuchen, ihren Mitmenschen diese Ideale auch beizubringen und zu vermitteln. Das kann dann durchaus auch im Extrembereich angesiedelt sein; denn den Wassermann faszinieren gerade jene Menschen, die den geraden, ausgetretenen Pfad des Lebens verlassen haben. Ihn fasziniert das „Anderssein".
In seiner Faszination für dieses „Andere" macht der Wassermann dann keinen Unterschied mehr zwischen dem Bettler und dem Drogensüchtigen, der Nonne oder dem indischen Fakir. Sie alle strahlen für ihn etwas Faszinierendes aus.

Die Gefühle bleiben im Hintergrund

Emotionen sind nicht unbedingt die Sache des Wassermanns. Selten läßt er sich zu starken Gefühlsausbrüchen hinreißen. Er neigt eher zur Rolle des Beobachters, der den Moment faszinierend empfindet, aber eher mit Distanz. Die wirklich großen Gefühle bleiben dem Wassermann eher fremd.

Vielen Wassermännern erscheinen Gefühlsausbrüche eher als Zeichen der Schwäche, das auch eine gewisse Einengung bedingt.

Wassermänner sind auf der Suche nach den großen Veränderungen; und auf diesem Weg begeben sie sich nur sehr ungern in die Niederungen der menschlichen Leidenschaften.

Der Theoretiker

Wassermänner diskutieren gerne, leidenschaftlich und unermüdlich, allerdings bedarf es für sie dazu interessanter Gesprächspartner. Meistens glänzen sie dabei mit Logik und Verstand und stellen ein enormes Wissen zur Schau. Es bleibt allerdings alles auf einem sehr theoretischen Boden!

Der Vernünftige

Es dürfte deutlich geworden sein, daß Menschen, die im Zeichen des Wassermanns geboren wurden, nicht zu den ganz gefühlvollen des Tierkreises gehören. Sie versuchen eher, den verschiedenen Situationen des Tierkreises mit Vernunft zu begegnen.

Es ist dabei häufig zu sehen, wie beim Wassermann die Dominanz der Vernunft dazu führt, daß er seine Gefühle ein wenig zur Seite schiebt und gar nicht erst wirklich an sich heranläßt.

Das Gesellschaftswesen

Trotz seiner Ideale ist auch der Wassermann nicht unempfänglich für Bewunderung, die sich allerdings selten mit seinem überaus idealistischen Wesen vereinbaren läßt. Darauf folgt, daß der Wassermann das eine sagt und das andere tut.
Schließlich kann auch ein Wassermann, selbst wenn er noch so sehr nach Unabhängigkeit strebt, nicht vergessen, daß er ein Gesellschaftswesen ist und nicht ohne die anderen Mitmenschen leben kann.

Wie lebt man mit einem Wassermann

Immer auf Tour

Ein Wassermann ist ein unruhiges Wesen, mit dem man bereit sein muß, jederzeit auf eine Reise zu gehen. Langeweile wird es wohl selten geben, aber der eine oder andere mag sich vielleicht öfter einmal nach einem gemütlichen Abend im eigenen Heim sehnen.
Vielleicht sollte hier als Trost für alle eingeflochten werden, die sich von ihrem Wassermann oder ihrer Wasser-

frau überfordert fühlen, daß vor allem bei diesem Sternzeichen dem Aszendenten und der Stellung des Mondes außerordentliche Bedeutung zukommen. Hier muß ein Astrologe also noch etwas tiefer blicken, als es in dieser allgemeinen Einführung dargelegt werden kann!

Immer für eine Überraschung gut

Sie können sicher sein, daß ein Leben mit einem Wassermann von regelmäßiger Abwechslung geprägt ist. Stellen Sie sich also auf Überraschungen ein. Wie wäre es mit der folgenden?

Sie kommen nach Hause und wollen schnell noch die Tagesnachrichten im Fernsehen sehen. Sicheren Fußes gehen Sie ins Wohnzimmer – doch das ist jetzt das Kinderzimmer! Das Gästezimmer ist plötzlich das Arbeitszimmer und das Arbeitszimmer das neue Wohnzimmer. Die ganze Wohnung hat ein neues Gesicht! Ist das nicht eine nette Überraschung!?

Leider müssen Sie feststellen, daß Ihr Wassermann etwas übereilt gehandelt hat. Es ist ihm gänzlich unbemerkt geblieben, daß der Satellitenanschluß jetzt unglücklicherweise hinter dem Kinderbett liegt. Aber das läßt sich ja alles in wenigen Stunden wieder ganz neu gestalten.

Ein Wassermann fordert eben ein Höchstmaß an Flexibilität von seinem Nächsten!

Das Leben sollte logisch sein

Ein Wassermann versteht sich darauf, die Dinge logisch darzustellen; und tatsächlich ist er auch davon überzeugt,

daß das Leben so ist. Nur sieht die Wirklichkeit natürlich meistens ganz anders aus.
Die Lebenspraxis, womit das Zusammenleben des Wassermanns mit seinen Mitmenschen gemeint ist, und die idealistischen Vorstellungen vom Leben, die er hegt, haben oft wenig miteinander zu tun.
So kann es für den Wassermann schon ein ernstes Problem geben, wenn ihm die unlogischen (nach seiner Überzeugung!) Gefühle seiner Nächsten einfach nicht einleuchten wollen. Er will sie partout nicht verstehen!

Die Hektiker

Die Wassermänner sind in vielen Fällen und Situationen die klassischen Hektiker, die immer etwas vorhaben. Dabei sind sie zu allem Überfluß auch noch gerne hektisch und stecken damit, ohne daß es ihnen bewußt ist, auch noch ihre Umgebung an. Dann sind sie verwundert, wenn dieses Verhalten auf ausgeprägten Widerwillen stößt.

Die Toleranten

Intoleranz zählt nicht zu den Schwächen des Wassermanns. Er kann das Andere, Fremde oder Neue gut tolerieren, erwartet allerdings für seine Person dieselbe Toleranz auch von seinem Gegenüber.
Ein Wassermann kann viel geben, bedingt auch durch diese Offenheit, aber er kann es nur auf seine ureigene Wassermann-Art. Die sollte man/frau zu nehmen wissen.

Der Beobachter

Ein Wassermann wird sich in der Regel für seinen Nächsten interessieren, allerdings immer mit einem gewissen Abstand. Er zieht es vor, die Beobachterstellung einzunehmen und aus gesicherter Distanz die Vorgänge zu beobachten.

Wassermänner haben durchaus Beständigkeit in ihren Freundschaften; und solange ihre Freunde keine großen Gefühle von ihnen erwarten, läßt es sich mit ihnen wunderbar leben. Wobei nicht mehr betont zu werden braucht, daß Flexibilität und Spontaneität vorausgesetzt werden.

Keine Erwartungshaltungen

Im Zusammenleben mit einem Wassermann sollten Sie keine Erwartungshaltungen hegen und schon gar nicht diese auch noch laut vernehmlich artikulieren. Ein solches Vorgehen verstimmt den Wassermann, fühlt er sich dadurch doch eingegrenzt. Er wird sofort versuchen, eine kleine Fluchttür einzurichten, durch dic er notfalls schnell verschwinden kann.

Wassermänner sind nun einmal die Freiwilligen, die sich gerne anbieten, aber die von einer Erwartungshaltung oder einer eingeforderten Pflicht sofort in die Flucht getrieben werden.

Warm anziehen

Mit einem Wassermann muß man sich immer warm anziehen. Nicht nur weil er ein ausgeprägter Frischluftfanatiker ist, sondern auch weil er gerne und oft das Weite sucht. Notfalls begnügt er sich aber auch mit der weit offenen Balkontür, durch die ein frischer Wind hereinweht, der ihm ein kleines Gefühl von Freiheit vermittelt.

Keine Routine

Es dürfte eine vergebliche Liebesmühe sein, den Wassermann zu einer gewissen täglichen Routine oder Regelmäßigkeit zu erziehen. Ein solches Vorgehen wird ihn relativ schnell ermüden lassen.
Immer samstags ins Schwimmbad oder jeden Freitagnachmittag Hausputz ist Gift für einen Wassermann. Er wird schnell Möglichkeiten finden, um dieser für ihn tödlichen Routine zu entfliehen. Abwechslung ist angesagt!

Bitte nicht kleinlich sein!

Leider sind die Wassermänner, die ja im großen Stil denken und sich mit den großen, weltbewegenden Reformen befassen, in den kleinen Dingen des Lebens häufig etwas unpäßlich. So können Sie sich glücklich schätzen, wenn Ihr Wassermann nur zehn Minuten zu spät kommt, denn Pünktlichkeit ist nicht gerade seine Stärke. Auch Zuverlässigkeit in kleinen Dingen sollten Sie nicht zu energisch einfordern. Es gibt wahrlich Wichtigeres für den Wassermann.
Was wollen Sie denn von einem Menschen verlangen, der ganz andere Maßstäbe setzt und immer den großen Ideen nachjagt. Also bitte, meine Damen, meine Herren, ein wenig mehr Größe zeigen! Oder doch nicht?

Sachlich argumentieren

Wenn Sie schon um die oft unvermeidliche Auseinandersetzung mit einem Wassermann nicht herumkommen und ihn auf seine (zahlreichen!) Versäumnisse hinweisen müssen, dann vermeiden Sie bitte Szenen und spektakuläre Vorwürfe. Kommen Sie ihm seiner Natur gemäß; und bleiben Sie sachlich und gradlinig. Das wird zwar auch keinen dauerhaften Erfolg garantieren, aber zumindest könnte es für eine Weile zu einem echten Bemühen führen.
Das wäre durchaus schon als Erfolg zu werten!

Der Wassermann und sein Lebensstil

Keine ruhige Minute

Wassermänner bevorzugen einen schnellen, etwas hektischen Lebensstil. Immer Abwechslung und keine ruhige Minute. Alles, was einmal war, war eben schon einmal. Jetzt muß etwas Neues her.
Mit dieser Lebensphilosophie ist der Wassermann ständig auf der Suche nach aufregenden oder zumindest abwechslungsreichen Erfahrungen. Aus diesen Impulsen schöpft er dann die neuen Ideen, die er für seine Lebensführung benötigt.

Immer die neueste Mode

Am liebsten würden Wassermänner schon heute den Modetrend von übermorgen vorwegnehmen. Alle Neuigkeiten, auch in der Mode, ziehen sie unweigerlich mit riesiger Faszination an. Dabei ist es ihnen sogar gleichgültig, ob ihr neuer „Stil" vielleicht ein wenig seltsam und passend wirkt. Hauptsache ausgefallen und aufgefallen! Nichts ist wichtiger für den Wassermann, als unangepaßt zu wirken.
In Einheitsklamotten würde sich der Wassermann geradezu eingesperrt fühlen!

Das Geld muß unter die Leute

Als Sparsame oder gar Geizkragen kann man Wassermänner wirklich nicht bezeichnen. Ganz im Gegenteil! Ihnen fließt das Geld meistens geradezu durch die Finger. Geld ist für den Wassermann eine Art Energie, die mit allen Möglichkeiten unter die Leute gebracht werden muß. Außerdem macht das Leben so viel mehr Freude.
Lediglich eine Ausnahme gibt es zu dieser Verhaltensweise: Wenn der Wassermann ein ganz großes Projekt verwirklichen will, kann sogar er Ansätze von Sparsamkeit zeigen. Aber dann muß dieses Projekt schon wirklich seine ganze Faszination besitzen.

Die etwas andere Wohnung

Die Wohnungen von Wassermännern sind zumeist recht unkonventionell eingerichtet. Eventuell können Modefarben eine große, dominierende Rolle spielen. Insgesamt

weist die Wohnung eines Wassermanns einen luftigen Charakter auf.
Seine Möbel sind selten schwer und sperrig, was ja auch äußerst unvernünftig wäre angesichts der Tatsache, daß der Wassermann es liebt, in unregelmäßigen Abständen seine ganze Wohnungseinrichtung umzustellen.
Wenn es seine finanziellen Mittel erlauben, wird er Wohnräume mit großen Fenstern wählen und eventuell sogar einen Wintergarten.

Der Aushäusige

Wassermänner sind selten zu Hause, auch dann nicht, wenn sie sich in ihrem Domizil wohl fühlen. Ihr Leben spielt sich bevorzugt in der Gemeinschaft ab. In der Gesellschaft von interessanten Menschen fühlen sie sich wohl, und hier erhalten sie ihre Inspiration und können auch selbst ihre Ideen zum besten geben.
Wassermänner sind die ausgeprägten Individualisten, die sich gerne mit vielen und ausgefallenen Menschen umgeben.

Die Wohnungsausrüstung

Wassermänner zeigen immer großes Interesse daran, sich das alltägliche Leben und seine wiederkehrenden Vorgänge so bequem wie möglich zu gestalten. So weisen ihre Wohnräume häufig einige ungewöhnliche Erfindungen auf, die ihnen das Leben einfacher machen und die täglichen Routinearbeiten, die sie ja so hassen, erleichtern.

Kapitel 2

Der Wassermann im Beruf

Begabungen und Talente

Die Ideenlieferanten

Bezüglich ihres Einfallsreichtums gelten die Wassermänner mit Recht als die unschlagbaren Talente. In dieser Hinsicht sind sie einfach die ungekrönten Spitzenreiter im Tierkreis, und es gibt so schnell niemanden, der ihnen diesen Rang ablaufen könnte.

Wassermänner liefern scheinbar mühelos immer wieder brillante Ideen, die von wertvollem Nutzen sind. Sie müssen sie nicht immer selbst in die Praxis umsetzen, aber sie können sie so aufbereiten, daß die guten Praktiker leichtes Spiel haben.

Die Flexiblen

Ihre offene, aufgeschlossene Art erleichtern den Wassermännern in ihrem Berufsleben vieles. Ihre Flexibilität macht sie zu Menschen, die sich ausgesprochen positiv mit neuen Situationen und Herausforderungen anzufreunden vermögen. Es fällt ihnen leicht, sich neu einzustellen und alte Strukturen über Bord zu werfen.

In einer Zeit, die von immenser Schnellebigkeit gekennzeichnet ist, ist diese Lebenseinstellung sicher von großem Vorteil.

Den Zug des Fortschritts im Auge

Es dürfte eine Menge anderer Mitglieder der Tierkreisfamilie geben, die eher den Zug des Fortschritts verpassen

als der Wassermann. Er hat einen siebten Sinn für neue Ideen und erfolgsträchtige Innovationen. In dieser Hinsicht wird er stets die Nase vorn haben und Erfindungen oder Produkte erkennen, die in den kommenden Jahren die Entwicklung der Zukunft bestimmen werden.
Das Augenmerk der Wassermänner ist dabei stets auf den Fortschritt gerichtet; allerdings mehr auf den äußeren als auf den inneren.

Kein kleines Rädchen

Der Wassermann, der stets in großen Bildern und weiten Perspektiven denkt, wird sich keinesfalls damit zufriedengeben, nur als kleines Rädchen in einem großen Uhrwerk zu wirken. Ein Wassermann möchte gezielt am großen Fortschritt der Welt mitarbeiten.
Um seine Ideen zu verwirklichen, wird ein Wassermann durchaus bereit sein, ein großes Risiko in Kauf zu nehmen und zugleich ein enormes Maß an Einsatzfreude entwickeln.
Nicht immer ganz sicher ist er jedoch in der Einschätzung seiner Ausdauer. So kann es durchaus geschehen, daß dem Wassermann der Atem ausgeht und er beginnt, das Interesse an seinem großen Projekt zu verlieren.
Diese grundsätzliche Problematik von Ausdauer und Beharrlichkeit beeinträchtigt jedoch keinesfalls seine Rolle als Ideengeber, der Dinge in Bewegung setzt und Neues entfaltet. Hier scheint die eigentliche Aufgabe des Wassermannes zu liegen.

Die Berufung

In der Regel wird der Wassermann keinen Unterschied zwischen seinem Beruf und seiner Berufung machen. Beides deckt sich weitgehend, kann aber durchaus öfters wechseln. Das wird einen Wassermann durchaus nicht stören.
Unabhängig von den verschiedenen Berufswechseln, wird er sich jedoch immer mit vollem Engagement für seine Arbeit einsetzen.

Ich werde es schon schaffen

Wassermänner verfügen in den meisten Fällen über ein ausgeprägtes Selbstwertgefühl. Von daher fällt es ihnen nicht schwer, sich zu verändern und neue Bereiche oder Herausforderungen zu suchen. Allen diesen Veränderungen stehen sie positiv gegenüber.
Wenn der Wassermann seine Devise in einige Worten zusammenfassen sollte, würde diese wahrscheinlich lauten: „Ich werde es schon schaffen!"

Der scharfe Verstand

Die Wassermänner besitzen nicht nur einen scharfen Verstand, sondern auch die Fähigkeit, ihren Gedanken und Argumenten auch auf besonders gute Weise Ausdruck zu verleihen.
Ihre Diskussionsfreude und Überzeugungsgabe macht die Wassermänner ganz besonders für jene Berufe geeignet, bei denen es darum geht, Motivation und Einsatzfreude von Mitarbeitern zu entfalten oder zu fördern.

Die Problemlöser

Wassermänner sind eine ideale Besetzung, wenn der „Karren einmal im Dreck steckt“. Sie sind die geborenen Optimisten und lassen sich auch durch enorme Schwierigkeiten nicht so schnell entmutigen. Sie geben praktisch nie auf, und wenn es eine Möglichkeit gibt, aus dem Engpaß herauszukommen, so wird der Wassermann sie sicher als erster finden.

Der Teamarbeiter

Wenn man einen Wassermann nicht gängelt oder ihm zu viele Vorschriften macht und ihm die gebotene Freiheit einräumt, ist er gerne bereit, sich in ein neues Team einzugliedern.
Es wird sich dann sogar zeigen, daß seine Anwesenheit, geprägt durch sein charmantes, fröhliches Wesen, bereichernd auf das ganze Team wirkt.

Der Forscher

Wassermänner sind mit einer gehörigen Portion Forscherdrang ausgestattet, den sie gerne auch vollkommen ausleben. Sie geben sich daher nicht selten wissenschaftlichen Forschungen hin und sind darin auch außergewöhnlich erfolgreich.

Der eigene Weg

Wassermänner sind durchaus aufgeschlossen für Anregungen und Impulse von außen, die Durchführung einer

Arbeit oder die Verwirklichung eines Projektes gestalten sie dann aber doch auf ihre ureigene Art und Weise. Wenn dem Wassermann in seinem Berufsleben die nötigen Freiräume gewährt werden, kann man sich immer auf die Originalität seiner Arbeit verlassen. Seine Ideen werden in einer Firma vielleicht noch weiterwirken, wenn er schon lange seine Zelte abgebrochen hat und weitergewandert ist – neuen Zielen und Herausforderungen entgegen.

Die Künstler

Unter den im Zeichen des Wassermanns Geborenen findet man überdurchschnittlich viele künstlerisch begabte Menschen. Sie sind witzig, originell und ideenreich und können diese Qualitäten im Showgeschäft voll zur Geltung bringen. Ganz abgesehen davon, daß die Hektik, die Suche nach der neuen Sensation und die ständigen Begegnungen mit interessanten Menschen dem Wassermann natürlich hundertprozentig entsprechen.

Abneigungen

Der Kampf mit dem „du sollst“

Nichts haßt der Wassermann mehr als Pflichten, Vorschriften und Verordnungen. Wenn eine Aufforderung an den Wassermann nur mit den Worten „du sollst“ beginnt, stehen die Zeichen bei ihm schon auf Widerspruch. Alle Vorschriften engen ihn auf für ihn unerträgliche Weise ein, und er wird Wege suchen, um auszubrechen.

Der Ausbrecher

Jede Form von Zwang wird beim Wassermann zum Ausbruchsversuch aus dem Gefängnis der Vorschriften führen. Regelmäßigkeit und Routinehandlungen sind ihm ein Greuel, dem er mit allen Mitteln zu entfliehen trachten wird.

So läßt sich feststellen, daß der Prozentsatz der Wassermänner unter den Beamten überdurchschnittlich gering ist. Diese Form des geordneten Berufslebens ist dem typischen Wassermann einfach zu eng.

Der außergewöhnliche Job

Ein Wassermann ist prinzipiell immer auf der Suche nach dem „außergewöhnlichen Job", nach dem wirklich interessanten Beruf. Sollte auch in diesem nach einer Weile eine gewisse Routine und Gleichförmigkeit Einzug halten, so wird er sich rasch nach einem neuen Betätigungsfeld umschauen.

Für den idealistischen Wassermann stehen dabei wirtschaftliche Interessen selten im Vordergrund, sondern Kreativität und Inspiration.

Reisen

Ein Wassermann wird es uneingeschränkt begrüßen, wenn er in seinem Berufsleben häufig mit wechselnden Gesichtern konfrontiert ist. Er wird sich zu Tode langweilen, wenn er jahrelang immer wieder dieselben „Gestalten" im Büro antrifft. Irgendwann wird es dann selbst dem konservativsten Wassermann zu langweilig, und er bricht aus.

Ideal wäre es daher, wenn ein Wassermann viel im Außendienst beschäftigt wäre und ausgiebige Geschäfts- oder Studienreisen antreten könnte. Dies würde ihm helfen, den Alltagstrott im Büro besser auszuhalten.

Gesehen werden

Der Wassermann erwartet durchaus Anerkennung für seinen Einsatz und möchte in der Firma „gesehen werden". Die Rolle der „grauen Maus" wird ein Wassermann nur äußerst ungern spielen.
Nicht daß er, wie etwa der Stier, nach materieller Sicherheit trachtet, sondern für ihn ist der monatliche Gehaltsscheck lediglich eine Art „Freischein" für seine Aktivitäten, der ihm die Möglichkeiten bietet, alles das tun zu können, wonach ihm der Sinn steht.

Unabhängigkeit und Freiheit

Kein anderes Tierkreiszeichen strebt so sehr nach Unabhängigkeit und Freiheit wie der Wassermann. Kein anderes Zeichen ist so schnell auf der Flucht vor Routine und Wiederholung. Dabei können bereits erste Anzeichen den Wassermann dazu verleiten, seine Zelte abzubrechen und weiterzuziehen, interessanteren Horizonten entgegen.
Dieser Wesenszug kann den Wassermann mitunter zu übereilten und kopflosen Reaktionen verleiten, indem er alte Stellungen hastig verläßt und sich in neue Arbeitsverhältnisse stürzt.
Grundsätzlich wäre dem Wassermann zu raten, sich vor Augen zu führen, daß im Berufsleben eine gewisse Routi-

ne manchmal einfach dazugehört, aber deshalb nicht die Inspiration in ihrem Fluß unterbrechen muß.

Vorgesetzte und Mitarbeiter

Der geschätzte Kollege

Wassermänner zählen im Berufsleben zu den geschätzten Kollegen und Kolleginnen. Es wird allgemein begrüßt, wenn sie mit ihrem grenzenlosen Optimismus auftreten und Ermutigung bringen, wenn die Lage einmal weniger rosig aussieht.
Gerade in schwierigen Lagen vermag der brillante Sachverstand des Wassermanns verfahrene Situationen lückenlos zu analysieren und Wege aus der Krise zu zeigen. Ein Wassermann sieht bereits das Licht am Ende des Tunnels, wenn andere noch orientierungslos in der Dunkelheit herumirren.

Der Chefsessel

Wassermänner werden mit Begeisterung auf der Leiter des beruflichen Erfolges emporklettern. Aber anders als bei etlichen anderen Sternzeichen geschieht es bei ihnen nicht aus reinem Ehrgeiz, sondern aus der Gewißheit heraus, daß nur auf einem Platz wirklich völlige Freiheit auf sie wartet – im Chefsessel!
Diese Aussicht ist Motivation genug für einen Wassermann, um zügig und zielstrebig den Weg nach oben anzutreten.

Der Freiraum

Wenn Sie in der Situation stehen, einen oder mehrere Wassermänner beruflich zu führen, müssen Sie eines immer im Auge behalten: Der Wassermann benötigt einen Freiraum zum kreativen Arbeiten so dringend wie die Luft zum Atmen! Wenn dieser Raum beschnitten wird, kommt es unweigerlich zu Schwierigkeiten und Konflikten, an deren Ende nicht selten eine schnelle Kündigung steht.
Wer als Vorgesetzter bei einem Wassermann nicht über das nötige Fingerspitzengefühl verfügt, verliert möglicherweise leichtfertig einen ausgezeichneten Mitarbeiter.

Der Ideengeber

Wenn der Wassermann in ein Team eingebunden wird, sollte von vornherein klar sein, daß er der Ideengeber sein wird. Daher wäre es ratsam, daß in dem Stab von Kollegen gleich von Anbeginn an einige damit beauftragt werden, hinter ihm aufzuräumen; denn der Wassermann wird eine Spur von kreativem Chaos hinter sich herziehen.
Zum Glück sind in jedem Büro oder Betrieb die Menschen unterschiedlich, und der weniger Kreative ist für die Routinearbeit oder die Umsetzung von Ideen besser geeignet als der Wassermann.
Es wird sich zeigen, daß ein besonders weitblickender Chef derjenige ist, der die verschiedenen Sternzeichen optimal zu koordinieren vermag!

Der Motivationskünstler

Wassermänner sind diejenigen Chefs oder Chefinnen, die

mit sicherer Hand und scharfem Blick die richtigen Mitarbeiter auswählen. Wenn der Stab oder das Team dann steht, sind sie wahre Motivationskünstler, um die Mannschaft zu ihren höchsten Möglichkeiten auflaufen zu lassen.
Dabei achtet der Wassermann-Chef auf Engagement und Kreativität, die er überdurchschnittlich gut entlohnen wird.

Der Reservierte

Nimmt ein Wassermann den Chefsessel ein, wird er diesen Platz mit einer gewissen Reserviertheit bekleiden. Zum einen bietet ihm diese Verhaltensweise Schutz vor allzu großer Emotionalität, und zum anderen ist eine gewisse Distanz auch dazu dienlich, seine Mitarbeiter zu größerem Engagement anzuregen. Dabei kann schon der Gedanke, ein Lob vom kühl-distanzierten Boß zu erhalten, Ansporn genug sein.

Den Fortschritt im Auge

Der Wassermann-Chef ist, seinem Naturell entsprechend, allen neuen Ideen und Verbesserungsvorschlägen gegenüber sehr aufgeschlossen. Dabei werden personelle Aspekte nicht im Vordergrund stehen. Es geht dem Wassermann nicht in erster Linie um seine Mitarbeiter, sondern er hat das Ganze, den allgemeinen Fortschritt im Auge.
Der Wassermann denkt in seiner Firmenleitung eher unpersönlich und global, als sich persönlich und lokal auszurichten.

Kreativität zählt besonders

Wassermänner planen grundsätzlich für die Zukunft. Dabei spielt die Kreativität eine entscheidende Rolle. Kann ein Chef einen kreativen Mann oder eine kreative Frau zu seinen Mitarbeitern zählen, wird er stets versuchen, ihn oder sie zu fördern, weil sie seinem globalen Projekt unterstützend zur Seite stehen werden.

Selbständigkeit

Der eigene Herr

Wenn man ein wenig vom Wesen des Wassermanns verstanden hat, kann es nicht verwundern zu erfahren, daß ungewöhnlich viele in diesem Zeichen geborene Menschen in selbständigen Berufen stehen. Nichts wird den Wassermann mehr motivieren als die Aussicht, bald sein eigener Herr zu sein und eigenständig entscheiden zu können.

Das Forscherteam

Wenngleich der Wassermann seine Freiheit und Selbständigkeit über alles liebt, wird er doch dazu tendieren, sie in Zusammenarbeit mit anderen Menschen auszuleben. Er liebt es, sich mit anderen unabhängigen Geistern auszutauschen.

So ist es gut denkbar, daß ein Wassermann als Experte einem Forscherteam angehört, welches abgesteckte, klar umrissene Ziele bearbeitet. Jeder kann seinen eigenen Bereich leiten, und dennoch bauen die einzelnen Ergebnisse dann an einem größeren Ganzen auf.

Der Verkaufsprofi

In der Wirtschaft wird der Wassermann eine unschlagbare Rolle im Handel spielen. Das hängt nicht vorrangig damit zusammen, daß ein Wassermann nun die Erfüllung seines Lebens darin sieht, seine Verkaufszahlen in die Höhe zu treiben und dicke Provisionen zu kassieren. Vielmehr sind sie so von ihrem Produkt oder ihren Produkten überzeugt, daß sich praktisch niemand der Überzeugungskraft ihrer Argumente widersetzen kann.
Geben Sie Ihr Investitionskapital einem Wassermann, lassen Sie ihm Zeit, sich für ein ihm entsprechendes Produkt zu entscheiden, und dann lassen Sie ihn auf den Markt los. Sie werden ein wahres Verkaufswunder erleben!

Die Medien

Für den nach Abwechslung lechzenden Wassermann ist die schillernde Welt der Medien natürlich so recht nach seinem Geschmack. Hier fühlt er sich wunderbar aufgehoben und inspiriert. Das ständig wechselnde Flair durch die immer wieder neuen ungewöhnlichen Menschen faszinieren ihn total.
Dabei kann die Palette der möglichen Berufe weit variieren. Der Masken- oder Kostümbildner wäre durchaus eine Wahl für den Wassermann, schließlich sieht jede Maske oder jedes Kostüm ein wenig anders aus. Aber auch als Dekorateur würde der Wassermann nicht über Langeweile klagen.

Ganz besonders liebäugelt er natürlich mit einer Karriere als Moderator oder Moderatorin in einer Fernseh- oder Talk-Show. Wenngleich dieser Traumjob natürlich nur ganz wenigen Wassermännern beschieden sein wird, spielt er in den Träumen der meisten doch eine nicht unerhebliche Rolle.

Der Tourismus

In der Tourismusbranche fühlen sich Wassermänner ebenfalls sehr zu Hause. Zum einen reisen sie gerne, und zum anderen üben fremde Länder und Kulturen grundsätzlich eine große Anziehung auf Wassermänner aus.
Außerdem sind sie befähigt, als Reiseleiter auf Menschen einzugehen und vermittelnd und ausgleichend die kleinen Probleme zu überspielen. Was zählt schon der Ärger mit dem bösen Mitreisenden, wenn es gilt, die Akropolis zu bewundern oder die ägyptischen Pyramiden. Der Wassermann lehrt seine Reisegesellschaft, *groß* zu denken und wahrzunehmen!

Der Lehrer

Wenn ein Wassermann den Lehrberuf ergreift, wird seine besondere pädagogische Begabung beim Umgang mit älteren Schülern liegen. Ihnen kann er seine Ideale von Freiheit und Gleichheit nahebringen. Robin Williams spielt im „Klub der toten Dichter" geradezu die Verkörperung eines phantastischen Wassermann-Pädagogen. Ein unverzichtbarer Film für jeden pädagogisch tätigen Menschen; aber vor allem für Wassermann-Lehrer!
Mit kleineren Schulkindern wird der Wassermann eher

Schwierigkeiten bekommen, da er ihnen weniger auf einer emotionalen Ebene begegnen wird und die Kleinen für seine überzeugenden Argumente noch zu unreif sind.

Fremdsprachen

Die Neigung des Wassermanns, in die Ferne zu ziehen und fremde Kulturen und Völker zu studieren, wird erfreulicherweise unterstützt durch seine Fähigkeit, mit relativ wenig Mühe eine neue Sprache zu erlernen.
Sollte er sich diese Begabung auch beruflich zunutze machen, wäre eine Karriere als Fremdsprachenkorrespondent/in durchaus im Rahmen des Möglichen.

Flugkapitän

Seine Träume von Freiheit werden den Wassermann, und sei es nur gedanklich, über die Wolken erheben. Für ihn komponierte Reinhard Mey seine berühmte Zeile: Über den Wolken muß die Freiheit wohl grenzenlos sein! Ein klassisches Lied für den Wassermann. Und wenn es nicht zum Airbus-Piloten reicht, dann vielleicht doch wenigstens zum Hobby-Flieger.

Forscher

Findet man Wassermänner unter Forschern und Wissenschaftlern, so wird sich bald zeigen, daß sie vorrangig in theoretischen Disziplinen arbeiten. Die praktische Umsetzung ihrer Forschungsergebnisse überlassen die Wassermann-Wissenschaftler dann den anderen Sternzeichen.

Psychologen

Wassermänner besitzen eine hervorragende Eignung zum Psychologen. Allerdings nicht, weil sie über eine besonders tiefe Menschenkenntnis verfügen, sondern vielmehr durch ihre feine Beobachtungsgabe. Diese nutzen sie dann auf äußerst sachliche Art und Weise, um so in der Psychoanalyse zu ungetrübten Ergebnissen zu kommen. Für viele Patienten ist diese Sachlichkeit eine ausgesprochen wohltuend empfundene Vorgehensweise.

Handelsvertreter

Sollte der Wassermann es nicht zu einer eigenen Firma gebracht haben, deren Produkten er dann den Weltmarkt erschließen wird, so wäre im Kleineren eine Tätigkeit als Handelsvertreter durchaus befriedigend für den Wassermann. Mit Ausnahme der Vorgabe von Gebiet und Reiseroute wäre er weitgehend frei und unabhängig, seinen Tagesablauf zu planen. Ein äußerst befriedigender Zustand für einen Wassermann!

Kapitel 3

Der Wassermann und die Liebe

Der Abwechslung Liebende

Der Idealist

Der Wassermann ist in der Liebe kein einfacher Vertreter. Zwar besitzt er klare Vorstellungen von der Liebe und sonnt sich in seinen idealistischen, ein wenig realitätsfernen Vorstellungen, doch sind seine eigenen Gefühle für ihn ein fernes Land. Dieses ferne Land wird er nur sehr selten besuchen, und wenn, dann nur für eine Stippvisite. Ein zu intensives Eintauchen in die Gefühlswelt könnte einem Wassermann wahrscheinlich ein gehöriges Maß an Kopfschmerzen bescheren. Das vermeidet er lieber!

Der Beliebte

Wassermännern gelingt es, eine Aura des Charmanten um sich zu errichten. Dadurch zählen sie zu den ausgesprochen beliebten Gesellschaftern. Sie vermitteln, Männer ebenso wie Frauen, eine interessante Note, die fasziniert und attraktiv macht.
Der Wassermann zieht daher nicht selten Bewunderung und Aufmerksamkeit auf sich, was im ewigen Spiel der Geschlechter natürlich von nicht unerheblicher Bedeutung ist.

Der Distanzierte

Sicherlich gehört der Wassermann, im Gegensatz etwa zum Fisch oder zum Krebs, nicht zu den großen Romantikern des Tierkreises. Es wird ihm auch relativ selten wi-

derfahren, daß er sich Hals über Kopf in eine Liebesbeziehung stürzt.
Ein Wassermann zieht es vor, ein wenig Abstand zu halten. Eine gewisse Distanz läßt ihm nicht nur mehr Freiraum, sie bildet auch eine Art Sicherheitszone.
Wassermänner sind und bleiben Individualisten!

Niemals einsperren lassen

Beim Wassermann bedarf es eines ausgeprägten Fingerspitzengefühls, um seinen unbändigen Freiheitswillen nicht zu beschränken. Er wird sich niemals einsperren lassen. Schon beim kleinsten Anzeichen von Begrenzung wird er starke Fluchttendenzen erkennen lassen; und sollte diese zunehmen, wird er über Nacht verschwunden sein und nur höchst sporadisch wieder einmal auftauchen.
Bevor der Wassermann sich „einfangen“ läßt, wird er eher ausbrechen!

Liebe und Freundschaft

Da der Wassermann nicht gerade zu den feurigen, leidenschaftlichen, romantischen Liebhabern zählt, kommt in seinen Beziehungen der Freundschaft eine entscheidende Bedeutung zu. In diesem Bereich zählen Wassermänner zu den ganz vertrauenswürdigen und verläßlichen Partnern. Sie sind dabei auch von einer großen Wahrheitsliebe gekennzeichnet. Der Wassermann wird selbst dann nicht vor dem Aussprechen der Wahrheit zurückschrecken, wenn sie den anderen schmerzt.
Vielleicht liebt der Wassermann oder die Wasserfrau

sein/ihr Gegenüber heute etwas weniger als sonst. Darüber geht doch nicht die Welt zugrunde, und daraus muß man doch kein Hehl machen. Nur verstehen sie nicht, warum ihr Partner diese einfache Wahrheit partout nicht begreifen will.
Wassermänner können da sehr direkt und unverblümt sein, nicht immer zur Freude ihres Gegenübers. Aber sie meinen es immer ehrlich.

Vernunft statt Leidenschaft

In seinem Liebesleben kann der Wassermann nur sehr wenig Leidenschaftlichkeit bieten. Daher dürfte es ihm auch nur sehr selten widerfahren, daß er sich im anderen verliert.
Ein verliebter Wassermann oder eine verliebte Wasserfrau behält auch dann einen klaren Kopf, wenn es ihn oder sie voll erwischt hat. Daher werden beide auch nicht mit dem Herzen oder aus dem Bauch heraus entscheiden, sondern mit einer kühlen, sachlichen Vernunft. Schließlich hat so eine Entscheidung ja Auswirkungen.

Die große Sachlichkeit

Da es den im Zeichen des Wassermanns Geborenen einfach nicht gelingen will, sich in der endlosen Welt der Gefühle ein Zuhause zu errichten, wird diese kühle Sachlichkeit unweigerlich in vielen Fällen zu Problemen führen.
Wenn es zu den großen Dramen kommt, die sich in der Liebe unweigerlich immer wieder ereignen, wird er diese eher aus einer distanzierten Beobachterperspektive be-

trachten. Es will ihm einfach nicht gelingen, diese vulkanischen Gefühlsausbrüche zu verstehen.
Ein Wassermann findet diese spektakulären Gefühlsdramen bisweilen zwar interessant, doch persönlich bevorzugt er eindeutig die sachliche, an Argumenten orientierte Diskussion.

Die intellektuelle Herausforderung

Wer kann schon von sich sagen, daß es ihm immer gelingt, seine Gefühlswelt sachlich nachvollziehbar nach außen zu bringen und plausibel darzustellen. Dabei soll man dann, wenn es nach dem Wassermann ginge, auch noch vernünftig argumentieren.
Dies ist ein wenig zu viel verlangt; und genau hier beginnen dann auch die Krisen in den Beziehungen mit einem Wassermann.

Das Problem mit der Eifersucht

Mit der Eifersucht haben im Zeichen des Wassermanns Geborene so ihre Probleme. Sie werden sie nur sehr selten zugeben, obwohl Wassermänner und Wasserfrauen natürlich nicht weniger eifersüchtig sind als Widder oder Skorpione.
Für den Wassermann liegt die Hauptschwierigkeit darin, daß eine so problematische Eigenschaft wie Eifersucht einfach nicht mit seinem Ideal von Freiheit und Unabhängigkeit zu vereinbaren ist. Was wird er also tun? Er kehrt die Eifersucht unter den Teppich. Da liegt sie nun, gut verborgen in etwas angeschmutzten Untergründen. Aber was passiert, wenn das große Reinemachen beginnt?

Freundschaftlich tolerant

Wer in seinem Beziehungsleben einen Partner sucht, der vor allem Qualitäten wie Freundschaft und Toleranz betont, wird beim Wassermann genau richtig liegen. Er wird versuchen, einen Platz für seine Idealvorstellungen von der Liebe zu schaffen; und dabei spielen diese Eigenschaften eine entscheidende Rolle.

Der Wassermann meint im Grunde seines Herzens eigentlich Freundschaft, wenn er Liebe sagt. Die großen Gefühle dagegen wird man bei ihm vergeblich suchen.

Psychologie ist gefragt

Die Psyche des Wassermannes ist nicht so ohne weiteres zu durchschauen, obwohl er selbst sich natürlich für ein klares und gut verstehbares Wesen hält. Angesichts der Vielschichtigkeit der Wassermann-Psyche dürfte diese Einbildung leicht zu enttarnen sein.

In der Beziehung mit einem Wassermann wird es sehr stark auf die Offenheit des Augenblicks ankommen. Dazu muß dann auch noch die richtige Sprache gefunden werden, um dem Verständnis des bisweilen sehr komplizierten Gebildes „Wassermann-Psyche“ gerecht zu werden.

Und natürlich wird alles immer wieder um ein Thema kreisen: Freiheit, Freiheit und nochmals Freiheit!

Abwechslung ist unverzichtbar

Was man in einer Beziehung mit einem Wassermann auf alle Fälle vermeiden muß, ist die Eintönigkeit. Wenn ein

Wassermann auch vieles verzeihen wird, Langeweile jedoch niemals!
Seine Sinne werden nach Abwechslung verlangen, womit nicht einmal eine neue feste Beziehung gemeint ist. Er wird sich auch ohne einen festen Partner blendend unterhalten können. Er wird allein ausgehen und neue Betätigungsfelder suchen.
In der Verbindung mit einem Wassermann sollte die Bereitschaft zu einer erheblichen Experimentierfreude daher unbedingte Voraussetzung sein. Wenn Sie diese nicht mitbringen oder eher eine konservative Verbindung anstreben, sollten Sie besser einen Bogen um den Wassermann machen, es wird garantiert ziemliche Probleme geben!

Das Chamäleon

Bevor Sie sich mit einem Wassermann einlassen, sollten Sie sich noch einmal klar vor Augen führen, daß Sie niemals genau wissen werden, wen Sie vor sich haben. Dieses Chamäleon könnte sich innerhalb einiger Jahre grundlegend verändern. Einerseits kann dies natürlich interessant sein, da sich der Wassermann so entschieden von den trostlosen Langweilern unterscheidet, anderseits muß man/frau dabei berücksichtigen, daß der Mensch von heute nur noch wenig mit dem gemeinsam hat, mit dem man/frau vor Jahren eine Bindung eingegangen ist.
Das Leben ist oft ein Abenteuer; manchmal auch in der Beziehung mit einem Wassermann!

Der Wassermann-Mann

Der Kühle

Der Wassermann stellt in der Regel das dar, was man im modernen Slang als „cooler Typ“ bezeichnet. Zwar ist er ausgesprochen charmant in seinem Wesen, doch wird eine gewisse Distanz nie ganz überwunden. Wenn es einer Bestätigung für ein nicht auszurottendes Vorurteil bedürfte, so wäre ein Wassermann die ideale Figur für die Aussage: „Männer haben wenig Zugang zu ihren Gefühlen.“ Wenn es auch überall falsch sein mag, zumindest beim männlichen Wassermann trifft es in der Tat zu.

Der Solist

Auch in seinen Beziehungen liebt der Wassermann seine Freiheit über alles. Schon der Gedanke, eine weitere Person in seine Planungen mit einbeziehen zu müssen, überzieht ihn mit einer Gänsehaut.

Es wird für seine Partnerin keine leichte Aufgabe werden, aus zwei Wesen eine Beziehung zu machen. Mit dem Wassermann kann das eine harte Nuß zu knacken werden.

Grenzenlose Offenheit

Sie müssen in der Beziehung mit einem Wassermann nicht befürchten, nicht über alles informiert zu sein, was vorgeht. Möglicherweise werden Sie mehr erfahren, als Ihnen lieb ist.

So wird Ihr Wassermann nicht etwa deswegen von seinen

drei Geliebten berichten, weil er mit ihnen angeben oder die eine mit der anderen eifersüchtig machen möchte, vielmehr will er einfach keine Geheimnisse in seinem Beziehungsleben haben.
Ein Wassermann glaubt fest an die grenzenlose Offenheit. Er zumindest praktiziert sie; vielleicht nicht immer gerade mit dem sensibelsten Einfühlungsvermögen.

Der große Charmeur

Einem Wassermann eilt häufig der Ruf des Herzensbrechers voraus, was ihn nicht weniger häufig verblüfft. Er würde sich selbst auf keinen Fall in dieser Rolle sehen.
Der Wassermann flirtet gerne, liebt es, seine etwas ungewöhnlichen Geschichten zu erzählen, in denen immer die eine oder andere Dame vorkommt, und fühlt sich einfach wohl in ihrer Gesellschaft.
Ob er es will oder nicht, immer wieder wird er in die Rolle des großen Charmeurs gedrängt. Vielleicht gerade deswegen, weil er sie nicht so demonstrativ beansprucht wie der Löwe.

Nie kopflos

Ein Wassermann wird sich selten in Liebesabenteuer stürzen. Ganz einfach aus dem Grund, weil er von seiner Vernunft her weiß, welche Schwierigkeiten und unvorhersehbaren Komplikationen damit verbunden sein können.
Abgesehen von seinen vernünftigen Einwänden fehlt es dem im Zeichen des Wassermanns geborenen Mann schlicht und ergreifend an Leidenschaft, um wirklich ein-

mal vollständig den Kopf zu verlieren. Hier siegt der Kopf über das Herz!

Die intellektuelle Anmache

Ein guter Rat an die Damenwelt, die ein Auge auf einen Wassermann geworfen hat, wäre, ihn von der intellektuellen Seite her anzugehen. Für sinnliche Blicke und anzügliche Bewegungen fehlt dem Wassermann einfach die Antenne, bei ihm muß sie eine andere Taktik anwenden.
Am besten verstrickt sie ihn in eine engagierte Debatte über ein Thema, von dem sie sicher weiß, daß es ihn interessiert. Auf diese Weise könnte er sehr schnell anbeißen, denn damit rechnet er nicht. Gewußt wie, meine Damen!

Immer im Mittelpunkt

So wie dem Wassermann die Rolle des Charmeurs nicht ganz einsichtig ist, die man ihm zuspricht, so gerät er ebenso unbeabsichtigt in die Rolle des gesellschaftlichen Mittelpunktes.
Aufgrund dieses Sachverhaltes sind Wassermann-Männer gerngesehene Gäste bei jeder Party. Ehe sie sich versehen, sind ihnen die Herzen so mancher Damen zugeflogen. Ihre brillante, selbstsichere Art kann verzaubern.

Der Entfesselungskünstler

Keine Frau sollte den Versuch unternehmen, einen Wassermann an die Kette zu legen. Sie wird schnell zur Kennt-

nis nehmen müssen, daß sie wahre Entfesselungskünstler sind. Um seine kostbare Freiheit zu retten, wird der Wassermann unbedingt und zweifelsfrei einen Weg finden, um auch aus der todsichersten Falle zu entkommen.
Er benötigt nun einmal seinen Freiraum und läßt ihn sich nicht nehmen. Eine kluge Frau stellt sich darauf ein und nutzt ihrerseits ihren Freiraum, den ihr ihr Wassermann ebenfalls großzügig gewährt.

Die Partnerschaft

Wenn sich ein Wassermann entschließt, in eine feste Partnerschaft einzuwilligen, so wird er diese auch als entscheidenden Faktor und Mittelpunkt in seinem Leben akzeptieren.
Allerdings sollte seine Partnerin immer bedenken, daß er unter keinen Umständen bereit sein wird, sein originelles Leben dafür aufzugeben. Seine Beziehung ist eine feste Größe, aber sie macht nicht sein ganzes Leben aus; und schon gar nicht definiert sie seine Grenzen.

Die Lust am Flirt

Der Wassermann ist der Liebhaber mit Handbremse. Offen gezeigte, ungebremste Zuneigung oder gar stürmische Liebe wird frau bei einem Wassermann eher vergeblich suchen. Er ist praktisch vollständig rational in seinen Gefühlen.
Ein Wassermann kann allerdings, vor allem wenn er ungebunden ist, seiner Flirt-Leidenschaft erliegen. Allerdings sind bei den Männern, die in diesem Zeichen geboren wurden, selten große Gefühle im Spiel.

Oftmals sind die Wassermann-Männer einfach nur neugierig auf eine Frau, die sich ihnen nähert. Zudem interessiert es ihn, wie weit er gehen kann – aus Wissenschaftlichkeit, nicht aus Begehrlichkeit!

Keine Angepaßte

Die männlichen Wassermänner besitzen eine ausgeprägte Vorliebe für das Exzentrische, auch und gerade bei der Wahl der Dame ihres Herzens. Brav und angepaßt darf sie auf keinen Fall sein; eher bevorzugen sie das Unkonventionelle. Schon ihr Äußeres sollte in interessanten Kleidern verpackt sein, damit er auf sie aufmerksam wird.
Wenn die erwählte Dame dann auch noch die Befähigung nachweist, ihn in ein interessantes Gespräch verwickeln zu können, steigen ihre Chancen gewaltig.
Die im Zeichen des Wassermanns geborenen Männer geben Freidenker-Frauen absolut den Vorrang. Mit einem „Heimchen am Herd" würde ein Wassermann der Verzweiflung anheimfallen; oder nach Alaska auswandern!

Die Wassermann-Frau

Die Ungebundene

Auch die Wassermann-Frau stellt ihre Freiheit über alles. Sie liebt ihre Ungebundenheit und wird ihre Freiräume niemals wirklich aufgeben.
Bedingt durch den ausgeprägten Freiheitsdrang wird ein weiblicher Wassermann auch stets eine gewisse Distanz

zu ihrem Partner aufrechterhalten. Aus diesem Sicherheitsabstand heraus handelt und beobachtet sie.

Die Auffällige

Wassermann-Frauen findet man selten in der Rolle der „grauen Maus“. Sie verfügen über einen ausgeprägten Humor und bestechen immer wieder durch ihre charmanten Einfälle. Wer eine Party feiert, bei der sich einige Wassermann-Frauen unter den Gästen befinden, braucht sich um die gute Stimmung keine Sorgen mehr zu machen. Die Wasserfrauen werden Schwung in den Laden bringen!
Eine Wassermann-Frau wird schon von ihrem Äußeren her auffallen. Sie kann extrem modisch oder sogar ein wenig exotisch daherkommen. Auf alle Fälle ist sie ein Blickfang.

Nicht nur Hausfrau und Mutter

Die traditionelle Frauenrolle als Hausfrau und Mutter hat sich bei weiblichen Wassermännern noch mehr überlebt als schon bei den anderen Sternzeichen. Die Wasserfrau ist gesellig und braucht das Leben außerhalb ihres Heims. Der Mann, der sie an Hof und Herd binden will, wird schnell ihren Widerstand zu spüren bekommen. Schließlich möchte sie nicht daheim versauern.
So suchen weibliche Wassermänner immer eine Partnerschaft, die von ihrer Offenheit her ihnen die Möglichkeit bietet, neue Wege zur Entfaltung ihrer Persönlichkeit einzuschlagen. Konventionelle oder sehr traditionsbewußte Männer haben daher kaum Chancen, das Herz einer Wasserfrau zu erobern.

Die Flirt-Künstlerin

Wassermann-Frauen lieben es, ausgiebig zu flirten. Sie entwickeln diese Kunst zu einer wahren Meisterschaft. Dabei bevorzugen sie Männer, die ihnen mit gleicher Leichtigkeit und Lockerheit begegnen und das Spiel mitspielen. Allerdings müssen sie auch Geist mitbringen; Potenz allein genügt einer intelligenten Wasserfrau niemals.

Der Erwählte jener außergewöhnlichen, im Zeichen des Wassermanns geborenen Frauen sollte eine gelungene Mischung aus Charme, Spritzigkeit, Intelligenz und Exotik sein. Das dürfte doch kein Problem für die Herren der Schöpfung darstellen. Oder?

Die Spröde

Trotz ihrer offenen Art umgibt sie nicht selten eine Aura von verdeckter Sprödigkeit und innerer Verschlossenheit. Doch dies erhöht eher noch den Reiz ihrer Person. Sie weiß geschickt Distanz zu wahren, auch im heißesten Flirt; und das macht sie überaus interessant.

Der Grund für dieses Verhalten bei der Wassermann-Frau liegt nicht selten in der Hilflosigkeit den eigenen Gefühlen gegenüber.

Die Intelligente

Die im Wassermann geborenen Frauen gelten als die intelligentesten des Tierkreises. Sie sind geradezu der Inbegriff der intelligenten, eigenständigen Frau, die selbstbewußt ihren eigenen Weg einschlägt. Ihr Partner

muß sich entweder damit abfinden oder seine Sachen packen.
Die Wassermann-Frau wird sich zwar ständig wandeln, aber von diesen Grundprinzipien wird sie niemals ablassen. Ihr Partner muß sich schon mit ihren Idealen von Emanzipation und Gleichberechtigung abfinden.

Keine Liebesschwüre

Für die Romantik im Mondenschein mit heißen Liebesschwüren ist die Wassermann-Frau nicht unbedingt zu haben. Sie findet dieses Verhalten eher übertrieben und deckt diesbezügliche Unwahrheit mit ihrem wachen Geist sehr schnell auf. Das könnte dann eher unangenehm für *ihn* werden.
Der helle Kopf der Wassermann-Frauen funktioniert immer, wobei sie natürlich trotzdem für alle Arten von Verrücktheiten zu haben sind. Das Leben darf niemals langweilig werden! Dabei kann man mit ihr allemal Pferde stehlen – oder irgend etwas anderes.

Keine Ansprüche

Wenn eine Wassermann-Frau gibt, so gibt sie freiwillig und reichlich. Nur wenn jemand auf Ansprüchen ihr gegenüber beharrt, wird sie sehr spröde und ablehnend reagieren. Ihr Partner sollte daher immer diesen inneren Freiraum bei ihr berücksichtigen.
Routine sollte in einer Beziehung mit ihr auch nicht aufkommen, wenn man sie glücklich machen möchte. Je spontaner eine Beziehung, desto besser. Was ungeplant geschieht, ist auch frei von Anspruchsdenken. Es entfaltet

sich aus dem Augenblick heraus. Und so etwas lieben weibliche Wassermänner.

Die große Freundschaft

Eine im Wassermann geborene Frau wird vor allem Inspiration in einer festen Beziehung suchen. Dabei muß nicht unbedingt die große Liebe im Spiel sein. Eine feste, beständige Freundschaft steht für sie wesentlich höher im Kurs, zumal die dramatische Leidenschaftliche nicht ihr Fach ist.

Die Unkonventionelle

Wassermann-Frauen führen in vielen Fällen ein sehr ungewöhnliches Leben. Sie bevorzugen einen unkonventionellen Lebensstil und sind häufig ganz auf sich gestellt. Wahrscheinlich sind sie die emanzipiertesten Frauen des Tierkreises.

Ihr Wunsch nach Gleichberechtigung und Freiheit ist mit nichts zu bestechen. So groß kann die Liebe zu einem Mann gar nicht sein, daß sie diesen Preis bezahlen würden. Sie gehen daher selten Kompromisse ein und bleiben ihren Idealvorstellungen ungebrochen treu. Wasserfrauen sind ausgeprägte, starke, ungebundene Persönlichkeiten.

Der Wassermann und seine Beziehungen

Der Wassermann und der Widder

Freundschaft oder Liebe

In dieser Beziehung stoßen Energie und Einfallsreichtum aufeinander. Im Prinzip keine schlechte Verbindung, wenn sie ausgewogen verteilt ist.
Die gemeinsamen Abende und Nächte können der Widder und der Wassermann durchaus anregend gestalten. Sie werden sich amüsant und anregend finden, doch die Probleme beginnen am Morgen danach.
Wenn die Frage aufkommt, wer das angerichtete Chaos der Nacht beseitigt, wer die Rotweinflecken aus dem Teppich entfernt und sich auf den Abwasch stürzt, dann verhärten sich schnell die Fronten. Plötzlich wird der Widder den Wassermann gar nicht mehr so anregend finden und unter Vortäuschung irgendeiner Ausrede das Weite suchen – sehr zum Verdruß des Wassermanns.
Eine Kombination, die ausbaufähig, aber auch anfällig ist. Die beiden haben es selbst in der Hand.

Der Wassermann und der Stier

Einer will frei sein

Der Wassermann ist als Luft-Zeichen ein rechter Luftikus. Er wünscht sich nichts mehr, als frei und ungebunden zu sein. Betrachtet man dagegen den erdhaften, an die Materie gebundenen Stier, dann fragt man sich zwangsläufig, wie zwischen den beiden Gegensätzen eine Verbindung entstehen soll. Während der Stier das Beständige, Traditionelle und Bewährte sucht, ist der Wassermann ständig damit beschäftigt, etwas auszuprobieren und neuen, ungewöhnlichen Plänen auf die Spur zu kommen. Der Konflikt ist in dieser Widersprüchlichkeit vorherzusehen.

Wenn sich zwischen Stier und Wassermann dennoch eine bleibende Beziehung entwickelt, so in der Regel zwischen einer jungen, noch leicht beeinflußbaren Wassermann-Frau, die Sicherheit und Halt in der Beständigkeit eines Stier-Mannes sucht.

Es gehört kein prophetisches Vermögen dazu, um vorherzusagen, daß es zwischen dem ungleichen Paar ein unangenehmes Erwachen geben wird. Irgendwann wird der Wassermann oder die Wasserfrau sich auf die Suche nach der großen Freiheit begeben. Da kann es, wenn es ganz schlimm für den Stier kommt, schon einmal passieren, daß er am Abend neben seinem Wassermann oder seiner Wasserfrau einschläft, am Morgen aber allein aufwacht. Und daran wird sich während des Tages und der nächsten Woche auch nichts mehr ändern. Der Wassermann ist wieder auf die Suche nach der großen Freiheit gegangen.

Jeder Stier sollte sich den Wassermann genau betrachten, bevor er sich mit ihm einläßt. Vielleicht ist er auch ein Kandidat für den plötzlichen Abschied.

Der Wassermann und der Zwilling

Die beiden Toleranten

Die beiden unabhängigen Sternengeschwister geben eine ziemlich gute Kombination ab. Beide benötigen große Freiräume und sehr viel Toleranz. Glücklicherweise sind sie beide auch in der Lage, diese Forderung dem Gegenüber auch zuzugestehen und zu bewilligen. In dieser Hinsicht sind der Zwilling und der Wassermann Seelenverwandte. Für beide ist ihre Freiheit ein so wichtiges Gut und eine so unbedingte Voraussetzung für eine Beziehung, daß sie Einschränkungen nicht ertragen könnten. In dieser Hinsicht passen die beiden *Liberalen* gut zusammen.

Natürlich gibt es auch zwischen Zwillingen und Wassermännern gelegentlich Streit, aber der wird durch seine humorvolle Komponente und den leichten und beschwingten Unterton schnell entschärft.

Mittels ihrer Kreativität gelingt es den beiden immer wieder, sich neue Bereiche in ihrer Beziehung zu erschließen, die ihnen beiden etwas bedeuten und ihr gemeinsames Leben befruchten. Aufgrund dessen wird die Langeweile im Hause Zwilling – Wassermann nur sehr selten Einzug halten.

Bei so viel Übereinstimmung auf fast allen Ebenen kann man sagen: Hier darf geheiratet werden!

Der Wassermann und der Krebs

Gefühl und Verstand

Mit dem Krebs und dem Wassermann stoßen zwei sehr unterschiedliche Naturen aufeinander. Die berühmte Anziehung der Gegensätze lockt sie vielleicht schnell zusammen ins Bett, wo sie auch einige vergnügliche Stunden miteinander verbringen können; doch schon bald zeigen sich die Gegensätze.

Während der Krebs ganz aus seinen Gefühlen heraus lebt, wird der Wassermann seine Verstandeskräfte einsetzen und in den Vordergrund stellen. In dieser Kombination wird es daher entscheidend davon abhängen, ob es ihnen überhaupt gelingt, eine gemeinsame Sprache zu sprechen. Auch in der Lebensführung zeigen sich erhebliche Differenzen. Während der Krebs dem Traditionellen und Bewährten zuneigt, wird der Wassermann gerade an diesen „alten Zöpfen“ seine Zweifel anmelden. Um diese weit voneinander entfernten Welten harmonisch auszugleichen, bedarf es schon einer gewaltigen Bemühung von beiden Seiten.

Hier haben wir es mit zwei Sternzeichen zu tun, die auf den einander gegenüberliegenden Straßenseiten ihren Weg suchen.

Der Wassermann und der Löwe

Die beiden Gegen-Zeichen

Wassermann und Löwe stehen einander im Tierkreis genau gegenüber und bilden die sogenannten Gegen-Zeichen. Diese Sternenkonstellation bringt immer eine Herausforderung mit sich, da einer vom anderen lernen kann und die jeweilige Ergänzung darstellt.
Der Löwe und der Wassermann lassen sich beide nicht gerne an die Kette legen. Beide Sternzeichen stehen für großen Freiheitsdrang und Unabhängigkeit.
Problematisch wird es immer dann, wenn der Wassermann beginnt, rational zu argumentieren, während der Löwe gerade im Begriff steht, seinem Herrscherdrang zu folgen. Hier läßt sich nur schwer eine Brücke zwischen den beiden gegensätzlichen Vorgehensweisen schlagen.
Löwen empfindet der Wassermann daher häufig als zu fordernd in ihrem Wesen, sie lieben den absoluten Freiraum in ihrem Leben; doch dieser Anspruch kollidiert mit ähnlich gelagerten Ansprüchen des Wassermanns.
In dieser Kombination müßte einer zurückstecken. Aber wer macht den Anfang?

Der Wassermann und die Jungfrau

Die Konservative und der Revolutionär

Mit der Jungfrau und dem Wassermann prallen zwei schwer vereinbare Welten aufeinander. Der Wassermann jagt ständig neuen und revolutionären Ideen hinterher, die der Jungfrau schon bei oberflächlichem Nachdenken als völlig unpraktisch und gänzlich indiskutabel erscheinen. Was wird die realistische Jungfrau also tun? Sie wird versuchen, dem Wassermann seine Flausen auszutreiben. Prompt steht der erste dicke Konflikt ins Haus!

Zwar werden beide Tierkreiszeichen stark vom Verstand und von der Vernunft bestimmt, doch liegt ihnen jeweils eine völlig andere Lebenseinstellung zugrunde. Während ein Wassermann seinen idealistischen Neigungen nachfolgt, schaut die Jungfrau befremdet zu und wird geradezu krank vor Sorgen angesichts möglicher Katastrophen, die sie bereits am Horizont heraufziehen sieht.

Auch im alltäglichen Leben stehen die Zeichen eher auf Sturm. Der Wassermann kann seine Tendenz zur Schlampigkeit nur mühsam überwinden und ist damit permanent ein rotes Tuch für die ordnungsliebende Jungfrau. Eigentlich muß sie sogar zugeben, daß ihr der Wassermann insgesamt als ein zu instabiler Geselle erscheint, als daß sie sich mit ihm tiefer einlassen könnte.

Der Wassermann und die Waage

Zwei Schmetterlinge

Zwischen den beiden Luft-Zeichen Waage und Wassermann gibt es eine natürliche Attraktion. Sie werden sich von Anfang an anziehend finden und gemeinsam durch das Leben flattern. Zwei Schmetterlinge auf vergnügtem Erkundungsflug, die viel Freude miteinander erleben werden. Der Wassermann bringt in diese Beziehung die neuen Ideen und Impulse ein. Mit seiner extrovertierten Art ist er zudem stets offen für Ungewöhnliches und Unbekanntes.
Mit der Waage und dem Wassermann treffen sich allerdings zwei große Flirter. Da könnte sich möglicherweise Zündstoff ansammeln.
Noch problematischer wird es allerdings, wenn beide anfangen, miteinander über alle möglichen Fragen des Lebens große Theorien auszutauschen. In solchen Fällen ist ein Streit nahezu unvermeidbar. Am besten wäre es, wenn die Waage und der Wassermann sich auf die Praxis konzentrierten und die Theorie Theorie sein ließen.

Der Wassermann und der Skorpion

Eros allein genügt nicht

Wie schon in der Beziehung zwischen Skorpion und Schütze, so stellt sich auch bei der Kombination Skorpion und Wassermann relativ schnell die Freiheitsfrage.

Der typische Wassermann ist ebenfalls ein sehr freiheitsliebender Vertreter des Tierkreises. Womit wir wieder beim Grundproblem des Skorpions sind – der Eifersucht und der Kontrolle. Wenn er diese Mechanismen bei seinem geliebten Wassermann anwendet, kann es dem Skorpion-Mann oder der Skorpion-Frau widerfahren, daß sie am Morgen aufwachen, um den Streit vom Vorabend fortzusetzen, aber es ist kein Wassermann (keine Wasserfrau) mehr da. Ihm (ihr) wurde die ganze Geschichte zu eng, und daher hat er (sie) sich aus dem Staub gemacht.
Dann müssen die beiden schmerzhaft feststellen, daß die starken erotischen Neigungen, die ihre Beziehung am Anfang so überaus prickelnd und interessant gemacht haben, nicht ausreichten, um eine langfristige Partnerschaft daraus zu formen.
Ein Wassermann läßt sich einfach nicht in Ketten legen – und seien es auch Ketten der Liebe!

Der Wassermann und der Schütze

Inspiration in Hülle und Fülle

Eine Beziehung zwischen Schütze und Wassermann dürfte selten von Langeweile gekennzeichnet sein. Beide liefern sich Anregungen und Inspirationen in Hülle und Fülle. Allerdings benötigen sie beide auch riesige Freiräume und Abwechslungen, um ihre eigenen Wege gehen zu können.
Der Schütze erfährt geistige Anregung durch den Wassermann, und der Wassermann gewinnt durch den Schützen

die Erfahrung, daß seine vielen Ideen auch in die Tat umgesetzt werden können. Für beide Seiten eine sehr bereichernde Begegnung, die zum Nutzen vieler werden kann.
Der Schütze verfügt zudem über ein großes Herz, das er dem Wassermann nur allzu gerne darbietet, wenn er einmal aus seinem Versteck hinter den Witzen und Anekdoten hervorgekommen ist.
Wenn es in der Beziehung um Zärtlichkeit und Romantik geht, dann kann der Wassermann vom Schützen geradezu endlose Lektionen erhalten, die möglicherweise einen ganz anderen Menschen aus ihm machen werden.
Eine spannende Kombination mit einem gewaltigen Entwicklungspotential!

Der Wassermann und der Steinbock

Zuviel Mißtrauen

Wassermänner zählen im Tierkreis nicht gerade zu den „sichersten Kandidaten". Was Beziehungen angeht, gehören Wassermänner eher zu den labileren Charakteren, die sich nur ungern binden. Noch schwerer wird es für den Wassermann, sich zu ewiger Treue zu verpflichten. Hier entsteht dann der erste ganz große Konflikt mit dem Steinbock, der gerade auf diese Seite allergrößten Wert legt. Ewige Treue ist der Mittelpunkt und das Fundament einer Beziehung für den konservativen Steinbock.
Im täglichen Leben wird der Wassermann ständig mit neuen Ideen und Einfällen bei der Hand sein, die den

Steinbock nahezu ununterbrochen dazu zwingen, diese Quelle der Unruhe mißtrauisch zu beäugen. Zwar benötigt der Steinbock die Impulse von außen, aber nicht in jener Hülle und Fülle, wie sie ihm der Wassermann nahezu permanent beschert.
Eine Verbindung zwischen Wassermann und Steinbock wird nur dann erfolgreich sein können, wenn beide Partner ein Höchstmaß an Reife und Toleranz aufzubringen vermögen.

Der Wassermann und der Wassermann

Eine unruhige Affäre

Die Beziehung zwischen einem Wassermann und einer Wasserfrau ist eine etwas ruhelose Angelegenheit. Ihr gemeinsamer Diskussionseifer kennt keine Grenzen. Dabei wird ihnen natürlich auch niemals eine Thematik fehlen; und mit Argumenten können wahrhaft beide trefflich um sich werfen.
Bei so viel Diskussionseifer und Kopflastigkeit stellt sich die Frage, wie es mit dem Gefühlsleben aussieht. Schlecht! Die Gefühle bleiben bei einer Wassermann-Verbindung nicht selten auf der Strecke.
Die Unruhe, die sich zwischen diesen beiden Wirbelwinden bildet, ist so extrem, daß die Beziehung kaum einen Ruhepol finden kann, von dem aus sie wachsen und sich entfalten kann.
Auch wenn es zwischen zwei Wassermännern jede erdenkliche Freiheit gibt – denn keiner wird den anderen

gemäß seiner Lebensphilosophie einschränken wollen –, fehlt doch eine sichere Grundlage. So wird in vielen Fällen eine solche Beziehung ohne doppelten Boden nicht sehr lange Bestand haben.

Der Wassermann und der Fisch

Das Problem mit der Romantik

Zwischen dem luftigen Wassermann und dem gefühlsbetonten Fisch wird es mehr Spannungen und Mißverständnisse geben, als einer engen Liebesbeziehung guttun wird.
Der übersprudelnde Wassermann, mit seinem schier unerschöpflichen Ideenreichtum, wird für den Fisch nur schwer nachzuvollziehen sein. Der Fisch sucht einen festen Halt und die großen, tiefen Gefühle. Hier befindet sich seine wahre Geborgenheit und seine innere Sicherheit. Beides wird er gerade beim Wassermann aber nicht finden; denn diesbezüglich ist er bei ihm an der völlig falschen Adresse.
Der Wassermann wird sein Leben eher sachlich und logisch aufbauen, und mit der verträumten Art des Fisches kann er wenig anfangen. Und natürlich auch umgekehrt.
Eine Beziehung, die mehr Enttäuschungen und Schwierigkeiten verspricht, als Wachstum und Inspiration zu garantieren.

Sexualität: Der Wassermann-Mann

Flirt-Leidenschaft

Der Wassermann, in seiner männlichen Gestalt, ist und bleibt der große Charmeur des Tierkreises. Er läßt keine Gelegenheit zu einem mal mehr, mal weniger heftigen Flirt aus.

Wenn Sie einem von ihnen begegnen, sollten Sie sich jedoch in Erinnerung rufen, daß so ein Wassermann-Mann ein luftiges Wesen ist und seine Annäherungsversuche in vielen Fällen ein wenig unüberlegt sein können. Nehmen Sie nicht jeden Flirt mit einem männlichen Exemplar des Wassermanns von seiner ernsten Seite. Sie können sich möglicherweise eine dicke Enttäuschung ersparen.

Die Flirt-Könige des Sternkreises können jeder Frau das Gefühl geben, die wahre und heißgeliebte Auserwählte zu sein. Hier können Anspruch und Wirklichkeit weit auseinanderklaffen. Die feste Beziehung und die Flirt-Leidenschaft leben beim Wassermann nicht in derselben Dimension.

Der Forscher

Die Damenwelt mag es drehen, wie sie will, sie wird in den allermeisten Fällen aus einem rationalen Wassermann keinen Gefühlsmenschen machen. Allerdings ist es bei diesem Sternzeichen außerordentlich angebracht, die Stel-

lung des Mondes zu beachten. Hier könnte ein Mond im Krebs oder in den Fischen für erhebliche Abweichungen vom „Normal-Wassermann-Typus“ verantwortlich sein.
Der hier skizzierte (typische) Wassermann wird auch in seinem Liebesleben seinen Forscherdrang ausleben. Der weibliche Körper ist dabei nicht nur ein „Objekt der Begierde“, sondern auch ein Forschungsgegenstand. Der Wassermann wird über ausgeprägte Kenntnisse von erogenen Zonen am weiblichen Studienobjekt verfügen. Sollten sich diese Kenntnisse dann in der Praxis bestätigen und bewähren, wird er darüber möglicherweise mehr Begeisterung und Euphorie empfinden als über „das Eigentliche“!
Nehmen Sie es sportlich!

Das Einfühlungsvermögen

Wenn schon die Gefühlsmenschen eine verschwindende Minderheit bei den Wassermann-Männern darstellen, so kann man doch wenigstens von einigen sagen, daß sie Einfühlungsvermögen besitzen. Wenn dies der Fall ist, so wird er durch Erahnen *ihrer* Wünsche zumindest ein Gespür davon bekommen, wie er sein weibliches Gegenüber verwöhnen kann.
In diesem Fall können doch zauberhafte Stunden das Ergebnis sein. Geben Sie also die Hoffnung bei den männlichen Wassermännern niemals auf!

Standard-Sex

Sex gehört zum Leben! Viel mehr werden Sie von einem Wassermann dazu nicht zu hören bekommen. Auch die männlichen Vertreter dieses Sternzeichens messen ihrem Liebesleben keine sonderliche Bedeutung zu. Man(n) tut es eben, aber die ganze Sache sollte einen möglichst normalen Stellenwert erhalten.

Jugendlichkeit

Obwohl sie kein wildes Sex-Leben führen, werfen die männlichen Wassermänner dem Älterwerden mehr als einen skeptischen Blick zu. Sie zeigen daher große Sympathien für sportliche Frauen-Typen, die sich zumindest im Herzen ihre Jugend bewahrt haben, wenn nicht sogar auf allen Ebenen.

Da das Alltagsleben des Wassermanns möglicherweise abwechslungsreicher und aufregender ist als sein Liebesleben, sollte frau sich auch eine gewisse Jugendlichkeit erhalten haben, um die anstehenden Abenteuer zu bewältigen.

Die große Verschmelzung

Wenn andere Paare dem Wassermann etwas von der „großen Verschmelzung" vorschwärmen, wird er diesen Erzählungen mit Interesse lauschen. Da er sie aber für maßlos übertrieben und aufgebauscht hält, wird er sich erst gar nicht auf die Suche nach diesem mysteriösen Geschehen begeben.

Ein Wassermann-Mann wird eben doch ein rationaler Geselle bleiben, der sich nicht so schnell in irgendeiner „Einheit" verliert.

Die im Zeichen des Wassermanns geborenen Herren der Schöpfung werden sich in allen Situationen immer ein

Fünkchen ihrer speziellen Individualität zu sichern wissen.

Gleiches Recht

Der männliche Wassermann wird auch im Bett das Gleichheitsprinzip zur Anwendung bringen. Bei ihm dürfen die Rollen gleichmäßig verteilt sein. Jeder darf so, wie er will und kann. Diese liberale Haltung kann durchaus auch Vorteile in einer Beziehung haben.
Selbstbewußte und unabhängige Frauen mögen an dieser Distanz und emotionalen Freiheit möglicherweise viel Gefallen finden.

Der Mitläufer

Der männliche Wassermann kann für eine Überraschung gut sein. Beachten Sie bitte, liebe Leserinnen, daß der Wassermann, wie fast alle Luft-Zeichen, ein beeinflußbares Wesen ist, welches durchaus offen für neue Abenteuer ist. Vielleicht sind Sie ja sein größtes Abenteuer, und ohne daß er es weiß, hat er nur darauf gewartet, daß SIE ihn mitreißen!

Sexualität: Die Wassermann-Frau

Die Undurchschaubare

Eine Wassermann-Frau ist unabhängig. Sie wird sich auch in der Liebe von nichts und niemandem einsperren lassen. Dabei ist ihr Wesen oft schwer zu durchschauen; und die Männerwelt wird niemals so ganz schlau aus diesen Frauen. Wasserfrauen können Herz mit Distanz verknüpfen, was eine der seltensten Kombinationen im Tierkreis darstellt. Daher kann es auch mit den weiblichen Wassermännern immer wieder einmal eine Überraschung geben!

Die Aktive

Eine im Zeichen des Wassermanns geborene Frau zählt nun wirklich nicht zu den passiven Heimchen am Herd. Von daher kann sie einen Langweiler im Bett nun wirklich nicht gebrauchen. Sollte *er* ihr nicht aktiv genug erscheinen, wird sie ihm notfalls mit der ganzen Palette ihrer Ideen und ihrem frechen Schalk ordentlich einheizen. Da wird keine Langeweile mehr aufkommen.
Mit einer Wasserfrau im Bett kann man(n) sicher sein, daß niemand frühzeitig in den Tiefschlaf fällt!

Abwechslung im Bett

Die Kunst der Liebe ist bei weiblichen Wassermännern sehr stark vom Gedanken der Abwechslung bestimmt. Sie

werden dann am ehesten Freude an der „Sache“ empfinden, wenn etwas Ungewöhnliches im Spiel ist. Ein neuer Duft, ein ungewohnter Platz oder eine ungewohnte Zeit – und schon könnte ihr Interesse geweckt werden.
Für die vielen Facetten des Liebesspiels hat die Wasserfrau durchaus etwas übrig, wobei sie entweder selbst etwas Neues in Spiel bringt oder auf die neuen Ideen ihres Partners bereitwillig eingeht.
Es darf nur keine müde Stimmung im Schlafzimmer aufkommen, das würde sie vor den Fernseher oder aus dem Haus treiben.

Mit Genuß

Auch für die weiblichen Wassermänner ist Sex bei weitem nicht die wichtigste Nebensache der Welt. Aber sie haben zumindest die Fähigkeit, das, was sich ergibt, auch voll zu genießen. In diesem Fall sind sie dann auch ganz „bei der Sache“. Vielleicht zeigt sich in diesem Punkt doch ein kleiner Unterschied zwischen den männlichen und den weiblichen Wassermännern.

Keine Draufgänger

Der draufgängerische Macho-Typ wird mit Sicherheit nicht der Typ Mann sein, auf den die Wasserfrau „abfährt“. Sie bevorzugt sinnliche Männer mit Niveau und einem Verstand, den sie auch in ihr Liebesleben einzubringen vermögen. Für Primitiv-Sex ist sich eine Wasserfrau einfach zu schade, das entspricht nicht ihrem Stil. Sie hat viel Zeit im Schlafzimmer und will das Leben – und auch das Liebesleben – ausgiebig genießen.

Kapitel 4

Gesundheit

Allgemeine Ratschläge

Ausgeglichenheit

Die luftigen Wassermänner mit ihren unzähligen Interessengebieten und vielerlei Neigungen verzetteln sich nur allzu gern in all ihren Aktivitäten. Dabei kann es dann durchaus dazu kommen, daß sie sich einfach zu viel vornehmen. Das wird ihnen dann natürlich nicht gut bekommen.

Bei den Wassermännern leiden meistens die Nerven, die in solchen Situationen bis zum Zerreißen gespannt sind. Hier liegen die Keime für spätere Krankheiten, die möglichst frühzeitig bekämpft werden sollten.

Wenn es den Wassermännern gelingen würde, ein wenig mehr Organisation in ihrem Leben zu verankern, könnten sie manchen unnötigen Streß vermeiden. Dies wiederum würde zu mehr Ausgeglichenheit in ihrem Körper beitragen und damit ihr gesamtes Wohlbefinden deutlich verbessern.

Vitalität

Wassermänner zählen sich zu den gesundheitlich labilen Kandidaten im Tierkreis. Obwohl sie nicht über einen starken Körper verfügen, besitzen diese Menschen dennoch eine ausgeprägte Vitalität.

Um ihre Gesundheit zu erhalten, spielt bei den Wassermännern die Abwechslung eine große Rolle. Die geistige Herausforderung von etwas Neuem, was immer es sein mag, hält den Wassermann fit.

Abwechslung ist für den Wassermann geradezu ein Jungbrunnen. Allerdings sollte er es damit auch nicht übertreiben; denn zuviel ist bekanntlich weniger!

Frischluftfanatiker

Das Luft-Zeichen Wassermann macht in einer Hinsicht seinem Namen wirklich alle Ehre: Wassermänner sind wahre Frischluftfanatiker. Es empfiehlt sich daher, ihnen schon früh ans Herz zu legen, auf warme Kleidung zu achten. Es kommt nämlich nicht selten vor, gerade in der kalten Jahreszeit, daß sich Wassermänner die frische (eisige) Luft so lange um die Nase wehen lassen, bis sie tropft. Mit etwas mehr Einsicht in die meteorologischen Gegebenheiten ließe sich diese Übertreibung vermeiden!

Migräne

Wenn Wassermänner nicht aufpassen und die nervliche Anspannung übertreiben, das heißt nicht genügend Entspannungsphasen einlegen, kann diese nervliche Überbelastung bei ihnen zu unerfreulichen Migräne-Anfällen führen.
Der Wassermann sollte daher stets darauf achten, eine möglichst vernünftige (d. h. maßvolle!) Lebensführung einzuschlagen, die ja durchaus nicht langweilig sein muß. Diese würde ihm die besten Voraussetzungen dafür schaffen, an dem Übel Migräne unbeschadet vorbeizukommen.

Ausdauersport

Gerade dem Wassermann werden Ausdauersportarten

nicht sonderlich liegen, doch wären sie für ihn absolut hilfreich. Sie böten die idealen Voraussetzungen, um sein Herz und seinen Kreislauf in guter Verfassung zu halten, was ja gerade für einen Wassermann überaus wichtig ist. Vielleicht sollte er sich eine Sportart wählen, die etwas weniger langweilig ist! Die Beharrlichkeit auf diesem Feld wird sich später auszahlen.

Die Schwachzonen des Wassermanns

Die Beine

Nach der astrologischen Überzeugung sind die Schwachzonen des Wassermanns seine Beine. In vielen Fällen haben sich diese als die Sorgenkinder im Körper des Wassermanns herausgestellt.
Die Beine können auf den verschiedensten Feldern Schwierigkeiten bereiten. Eine besonders unangenehme Angelegenheit sind für den Wassermann stark ausgebildete Krampfadern. Sie können ihm wirklich viel Kummer bereiten.
Treibt der Wassermann aktiv Sport, etwa Fußball, Handball oder Tennis, kann es immer wieder zu Verstauchungen oder, im dümmsten Fall, auch zu Brüchen kommen. So mancher Wassermann kann ein Lied davon singen, wie er mit Bandagen oder Gipsbein durch die Gegend geschlichen ist.
Wenn Wassermänner nicht lernen, von Jugend an auf ihr

Fahrgestell zu achten, kann aus den Beinbeschwerden eine Lebensklage werden. Mit etwas Achtsamkeit ließe sich diese Klage jedoch deutlich beschränken.

Durchblutungsstörungen

Wenn er schon, durch etwas Umsicht, die Bandagen oder die Gipsmanschetten vermieden hat, kann es jedoch sein, daß sich der Wassermann mit einem anderen Problem herumschlagen muß – mit immer wieder auftretenden Durchblutungsstörungen der Beine. Diese können ihm schwer zu schaffen machen, so daß er immer wieder über sogenannte bleischwere, müde Beine zu klagen hat.
Diese Beschwerden werden ihn auch psychologisch etwas belasten, denn die chronische Müdigkeit seiner Beine will so gar nicht zu seinem sonst so lebendigen, frischen Wesen passen.

Die Knöchel

Wenn die eigentlichen Beine heil geblieben sind, kann das Problem auch in der tiefsten Etage liegen – bei den Knöcheln. Die meisten im Zeichen des Wassermanns geborenen Menschen kennen das Problem mit umgeknickten, verstauchten oder gebrochenen Knöcheln. Hier kann nur der gute Rat erteilt werden, zum einen durch Fitneß die Muskulatur zu trainieren und zum anderen durch gute Ernährung dem Knochenbau alle notwendigen Stoffe zuzuführen.

Ein guter Rat an den Wassermann

Das Schuhwerk

Was tut man, wenn die unteren Extremitäten zu den Gefahrenzonen zählen? Man (frau) achtet auf gutes Schuhwerk!
Vor allem für die Wassermann-Damen sollte dies ein ganz wichtiger Ratschlag sein. Sie, die gerne jeden modischen Schnickschnack mitmachen, sollten hier besondere Vorsicht walten lassen.
Wenn der Knöchel doch ohnehin als Schwachzone gilt, sollte man sie nicht übermäßig strapazieren, sondern durch gute äußere Umstände (sprich Schuhe!) zu stärken versuchen. Schließlich wird es gerade dem allzeit mobilen und aktiven Wassermann besonders schwerfallen, mit dem Gips wochenlang an Bett und Haus gefesselt zu sein.

Öle und Salben

Die beste Methode, um die müden Beinen wieder in Gang zu bekommen, wäre eine regelmäßige gezielte Gymnastik mit speziellen Beinübungen. Außerdem würde es den geplagten Fahrgestellen des Wassermanns wohltun, wenn sie abends mit guten Salben und Ölen auf pflanzlicher Basis ausgiebig gepflegt und verwöhnt würden. Hier könnte durch einfache Mittel eine tiefgreifende Linderung bewirkt werden.
Schließlich sollte sich der Wassermann ja immer wieder selbst sagen, daß müde Beine eigentlich gar nicht zu ihm

passen. Aber dafür muß er dann auch ein paar Aktivitäten unternehmen.

Entspannung

Gerade dem Wassermann werden gezielte Entspannungsübungen natürlich schwerfallen; aber er benötigt sie besonders. Alles, was ihn zu einer größeren inneren Ruhe führen würde, wäre zu begrüßen. Seine geplagten Nerven müßten dringend einige Auszeiten verschrieben bekommen, um sich wirklich gründlich regenerieren zu können. Diese Aufgabe sollte ein Wassermann niemals aus den Augen verlieren.
Vielleicht wäre es ihm möglich, ein abwechslungsreiches Entspannungs-Kurzprogramm zu entwickeln. Schon fünf Minuten täglicher Entspannung könnten für den hektischen Wassermann wahre Wunder bewirken!

Hände weg von den Tabletten

Wassermänner sind, was den übermäßigen und vorschnellen Gebrauch von Tabletten betrifft, stärker gefährdet als andere Mitglieder der Tierkreisfamilie. Dabei wäre manches Mal eine ruhige Beobachtung der Lage für diese niemals stillstehenden Wesen weitaus besser als der schnelle Griff zur Tablette.
Mit etwas mehr Überlegung würde der intelligente Wassermann ohnehin schnell erkennen, daß es so nicht zu einer wirklichen Verbesserung seiner Lage kommen kann. Praktische Übungen wären seiner Gesundheit weitaus zuträglicher als Unmengen von Pillen, deren Nebenwirkungen ihm zusätzlich zu schaffen machen könnten.

Sanfte Heilweisen für den Wassermann

Autogenes Training

Der Wassermann, wie etwa auch der Widder, zählt zu den besonders ruhelosen Gesellen im Sternkreis. Seine ständige Neugier treibt ihn permanent zu irgendwelchen Aktivitäten an.
Von daher wäre es für Wassermänner äußerst hilfreich, gelegentlich einen Entspannungskurs zu besuchen oder in den eigenen vier Wänden autogenes Training zu betreiben.
Gerade der Wassermann würde die positiven Wirkungen von Entspannungsübungen als besonders wohltuend empfinden. Da er immer unter Anspannung steht, bemerkt er ein deutliches Absinken des Streßfaktors besonders dramatisch.
Autogenes Training wird mittlerweile an fast allen Volkshochschulen oder sonstigen sozialen Einrichtungen gelehrt und ist leicht zu erlernen.
In manchen Fällen übernehmen sogar die Krankenkassen die Kurs- oder Seminargebühren.

Craniosacral-Therapie

Die Craniosacral-Therapie ist ein neuartiger Ansatz, Verspannungen zu lösen, die durch übermäßige innere Verkrampfung verursacht werden. Sie werden auf sanfte Weise aufgelöst.
Durch leichte Körperübungen wird die Energiezufuhr des

Gehirns verbessert, so daß die Streßblockaden, die durch physische Einwirkungen im Körper entstanden sind, harmonisch und ohne dramatische Nebenwirkungen wieder aufgelöst werden.
Eine sehr sanfte neue Heilweise, die allmählich von immer mehr qualifizierten Therapeuten praktiziert wird.

Meditation

Wenn man einem Wassermann ganz unverblümt mit dem Vorschlag kommt, er solle doch einfach anfangen zu meditieren, wird das erst einmal seine ausgeprägte Skepsis auf den Plan rufen. Von fern sieht er sich bereits in den Fängen irgendeiner obskuren asiatischen Sekte, die ihm seine kostbare Freiheit rauben will.
Hier bedarf es einiger Aufklärungsarbeit, um dem vorsichtigen Wassermann die Vorteile eines regelmäßigen Meditationslebens vor Augen zu führen. Wahrscheinlich wird er eher auf Untersuchungen über Hautwiderstände und harmonisierte Gehirnwellen ansprechen, die ihm den Nutzen der Meditation erläutern, als auf levitierende Yogis und geheimnisvolle Lamas.
Wichtig ist allein, einem Wassermann die Sinnhaftigkeit eines Ausgleichs von aktivem (bei ihm überaktivem) und kontemplativem Leben plausibel zu machen. Er wird schnell die wohltuende Wirkung der Meditation am eigenen Körper erfahren!

Homöopathie

Das „luftige“ Wesen des Wassermanns spricht sehr positiv auf die Behandlung mit homöopathischer Medizin an.

In weniger dramatischen Fällen wäre es für ihn immer angesagt, ein homöopathisches Mittel einem vorschnellen Einsatz von Antibiotika etc. vorzuziehen.
Sein Körper wird ihm diesen umsichtigen Umgang mit Medikamenten langfristig sicher danken.

Das Bach-Blüten-Mittel

Kaum eine andere sanfte Heilweise hat in den vergangenen zehn Jahren eine solche Erfolgsstory aufzuweisen wie die Blütenmittel von Dr. Edward Bach. Ihre geniale Einfachheit macht das Geheimnis ihres Erfolges aus. Für jedermann leicht anwendbar, sind die Pflanzenessenzen dennoch überaus wirksam.
Das Bach-Blüten-Mittel für den Wassermann ist

WATER VIOLET (Sumpfwasserfeder).

Der Wassermann ist sehr unabhängig, altruistisch und bemerkenswert erfindungsreich und originell. Er ist auf seine persönliche Einzigartigkeit auch sehr stolz. Dieser Stolz ist gewöhnlich recht stark ausgeprägt, nimmt jedoch selten so snobistische Züge an wie beim Löwen.
Die Rolle des Wassermanns gründet sich auf seine glänzende Intelligenz und auf seine Rolle als „Menschenfreund“. Das Schlüsselwort des Wassermanns lautet: „Ich weiß.“
Seine Intelligenz kennzeichnet den Wassermann als den „Menschen der Zukunft“. Daher wird häufig auch von einem kommenden „Wassermann-Zeitalter“ gesprochen. Dies soll, einfach gesagt, nur ausdrücken, daß eine neue Zeit die höchsten Ideale und Erwartungen des Menschen

in stärkerem Maße als bisher verwirklicht sehen wird; und der Wassermann steht als Symbol oder Bote für diese zukünftige bessere Zeit. Auch das Wasser steht symbolisch für das Wissen, welches der Wassermann freizügig über die gesamte Menschheit „ausgießt“.
Festgehalten werden muß allerdings, daß bei weitem nicht alle Wassermänner diese archetypischen Qualitäten einer neuen Zeit auch verkörpern, die der Wassermann Thomas Paine in den Worten zum Ausdruck brachte: „Die Welt ist mein Land, und meine Religion besteht darin, Gutes zu tun.“ Dies wäre im Idealfall die tiefe Philosophie des Wassermanns.

Water Violet – Sumpfwasserfeder

Die Menschen, die Water Violet nehmen sollten, besitzen ein tiefgründiges, verschlossenes Wesen und eine kühle Ausstrahlung. Sie sind stolz und fühlen sich überlegen. Da ihnen große Gelassenheit zu eigen ist, können sie spöttisch, ja sogar herablassend sein und tragen dann eher eine mißbilligende und selbstherrliche Haltung nach außen. Sie mischen sich nicht in die Angelegenheiten anderer und dulden ebenfalls keine Einmischung in ihre eigenen persönlichen Angelegenheiten. Leben und leben lassen lautet die Devise des Water-Violet-Menschen.
Als scharfe Beobachter der menschlichen Natur und Umgebung achten sie darauf, Distanz zu halten. So machen sie sich niemals dessen schuldig, andere zu beherrschen oder Macht über sie auszuüben. Obgleich sie sanftmütig sein können, mangelt es ihnen an Vertrautheit in Verhalten und Handlungen. Sie lieben die Freiheit genauso sehr wie die Agrimony-Menschen (Schütze), doch sind die

Water-Violet-Typen unabhängiger und sehr individualistisch.
Sie besitzen zahlreiche Talente und sind kreativ veranlagt. Ein Water-Violet-Charakter wird allerdings versuchen, Auseinandersetzungen zu vermeiden, die er als nutzlos und unter seiner Würde ansieht. Er verspürt kein Bedürfnis, sich zu erklären oder zu rechtfertigen oder jemanden von seinen persönlichen Ansichten zu überzeugen. Sein kühles Wesen mag für seine Zurückgezogenheit von seiner Umwelt verantwortlich sein, wodurch er beträchtliche Talente brachliegen läßt.
Wenn der Water-Violet-Wassermann zu den dienenden Menschen zählt, wird er im Rahmen seines Dienens still und bescheiden arbeiten, ohne sich hervorzuheben, aus reiner Nächstenliebe. Er achtet vor allem auf Aufrichtigkeit beim Menschen und spürt, daß einem jeden Menschen das Recht auf Wachstum auf die ihm gemäße Art und Weise zusteht, um seinen eigenen Weg zu finden.
Im Idealfall werden diese Menschen zu einem lebendigen Beispiel, indem sie die Philosophie der Liebe und des Nichtverhaftetseins in die Wirklichkeit umsetzen. Botschafter einer neuen Zeit, des Wassermann-Zeitalters!

Das Aura-Soma-Mittel

Eine weitere sanfte Heilweise, die gerade erst begonnen hat, in breiteren Kreisen Anerkennung zu finden, sind die Farb- und Duft-Öle von Aura-Soma, einer englischen Gemeinschaft. Da die vielen Ölfläschchen, die wunderbar duften und sehr schön anzuschauen sind, nicht allgemein einem Sternzeichen zugeordnet werden können, empfiehlt es sich, einen der vielen Aura-Soma-Therapeuten zu Rate

zu ziehen, die heute praktisch in jeder mittelgroßen Stadt anzutreffen sind.
Als sehr hilfreich hat es sich erwiesen, *die eigene* Aura-Soma-Flasche neben das Bett zu stellen!

Kapitel 5

Essen und Trinken

Der Wassermann in der Küche

Der kreative Koch

Der Wassermann ist in der Küche kein Langweiler, sondern ein ausgesprochen kreativer Koch. Begreiflicherweise wird er nicht zur Hausmannskost neigen, vielmehr bevorzugt er phantasievolle Gerichte. Seinem Naturell entsprechend, wird sich in seiner Kochkunst auch sein Hang zum Exotischen ausdrücken. Er wird seinem Interesse an fremden Kulturen und Traditionen auch in der Küche nachgehen.

Mit Pfiff und Raffinesse

Man riecht meistens schon vor Betreten der Küche, daß der Wassermann wieder einmal eines seiner Zaubergerichte am Köcheln hat. Die ganze Wohnung oder das halbe Haus duftet dann nach exotischen Kräutern oder anderen raffinierten Zutaten.
Seinen Gästen oder Partnern läuft schon das Wasser im Munde zusammen, lange bevor dann das Essen wirklich auf dem Tisch steht.

Immer etwas Neues

Die Wassermänner lassen sich gastronomisch nicht einordnen. Heute ist es der Italiener, morgen der Grieche und übermorgen der Inder. Gleiches gilt auch, wenn sie selbst kochen. Seine Geschmacksrichtung könnte man als „multikulturell" bezeichnen. Immer aber mit einem Trend zum Neuen und Ungewöhnlichen.

In der Küche tobt das Leben

Die Küche ist für den Wassermann nicht sein persönliches Refugium, wo er über den Töpfen brütet und niemanden über seine Schultern schauen läßt, sondern in seiner Küche tobt das pralle Leben. Es wird bunt und lebendig zugehen, und wenn es möglich ist, wird er noch eine Theke einbauen oder eine Sitzecke.

Das Erstellen des Essens wird so für den Wassermann schon zu einem geselligen Ereignis. Man kann beim Kochen diskutieren und vergnügliche Stunden zubringen.

Zwischen Vollkorn und Zucker

In ihrem Eßverhalten neigen die Wassermänner durchaus zu Extremen. Einerseits können sie sich durchaus gesund ernähren, andererseits neigen sie auch sehr den süßen Sachen zu. Manchmal gibt dabei die Sympathie ihres Partners den Ausschlag. Sie wenden sich dem zu, was er sich gerade zu Gemüte führt.

Bei aller Kreativität und Freude am Kochen wird für den Wassermann jedoch Essen und Trinken nie zum Wichtigsten in seinem Leben. Es bleibt eine reizvolle Nebensache.

Der Wassermann und seine Gäste

Lieber Gast als Gastgeber

Der Wassermann zählt zu den geselligen Geschöpfen des Tierkreises, wenngleich ihm große Menschenansammlungen nicht sonderlich behagen. Am liebsten hat es der Wassermann, wenn er selbst eingeladen wird. In diesem Falle zeigt er sich von seiner großzügigsten Seite und bringt ein nettes Gastgeschenk mit. Zudem wird er sicherlich zu einer Zierde des Abends werden; denn er ist in Gesellschaft selten langweilig.

Der originelle Gastgeber

Wenn es sich nicht vermeiden läßt, wird der Wassermann aber auch selbst die Rolle des Gastgebers übernehmen. In diesem Falle können seine Gäste sicher sein, daß er sie nicht enttäuschen wird. Bereits die Tischdekoration wird eine besondere Note aufweisen, und das ganze Exterieur des Abends könnte durchaus die Kulisse zu einem Bühnenstück abgeben. Und daß das Essen aufregend schmekken wird, dürfte ja inzwischen klar sein. Es könnte ein toller Abend bei Wassermanns werden!

Alles vom Feinsten

Wenn der Wassermann die Rolle des Gastgebers übernommen hat, wird er nicht aufs Geld schauen. Er wird sich

als überaus großzügiger Gastgeber präsentieren, bei dem viel diskutiert, aber auch nach Herzenslust geschmaust wird. Selbst bei der Ausstattung wird er sich nicht lumpen lassen, so daß es ein Fest für Augen und Gaumen wird.
Wahrscheinlich wird es als denkwürdige Feier in Erinnerung bleiben.

Die Puppen tanzen lassen

Auch wenn der Wassermann ein Typ ist, der stets eine gewisse emotionale Distanz einhält, heißt dies nicht, daß es bei ihm konservativ oder „gesittet" zugeht. Eher im Gegenteil! Er liebt es ausgelassen. Bei ihm dürfen die Puppen tanzen, und zwar im wörtlichen Sinne. Wenn jemand zu vorgerückter Stunde noch ein Tänzchen auf dem Tisch wagen möchte – warum nicht!? Für den Wassermann ist Abwechslung mehr als das halbe Leben.
Sollte, weil die Gäste ein wenig langweilig sind, bei seinem Fest keine richtige Stimmung aufkommen, so wird dem Wassermann mit Sicherheit etwas einfallen, um diesem Defizit Abhilfe zu schaffen.

Am Morgen danach

Der Wassermann, Männer wie Frauen, wird es ausgesprochen begrüßen, wenn seine Hausfee am nächsten Morgen schon sehr früh erscheint und die Spuren der Nacht beseitigt. Aufräumen und Saubermachen ist wirklich nicht seine Stärke. Es könnte ihm, falls es allein auf seinen Schultern liegt, am Morgen danach geradezu im nachhinein noch den gelungenen Abend vermiesen. Aber der

Wassermann wird es in der Regel geschickt anstellen, damit dieser Kelch an ihm vorübergeht.

Die Lieblingsgerichte des Wassermanns

Vegetarier und Fleischesser

Bei den Wassermännern findet man Sympathisanten für wahrlich jede Richtung. Vom überzeugten Vegetarier bis hin zum „Fleisch-ist-ein-Stück-Lebenskraft-Vertreter“ ist alles vorhanden. Wassermänner sind in ihrer Gesamtheit wie im Individuum – niemals ganz festgelegt.

Das Auge ißt mit

Beim Wassermann ißt das Auge mit. Sie haben etwas übrig für kunstvolle Arrangements, stilvolle Dekorationen und exotische Düfte. So etwas kann ihn geradezu ins Schwärmen bringen.
Im Lokal wird der Wassermann lieber etwas Unbekanntes probieren als immer vor den gleichen Gerichten zu sitzen. Selbst wenn ein Wassermann zweimal das gleiche kocht, ist es doch niemals dasselbe!

Ein typisches Wassermann-Rezept: Gefüllte Paprikaschoten

Vier mittelgroße Paprikaschoten
2 große Zwiebeln
250 g Hackfleisch (Sojafüllung für Vegetarier!)
viele exotische Gewürze und Kräuter
einige scharfe Chilis
250 g Champignons
Fleischbrühe (Gemüsebrühe für Vegetarier)
Salz
Pfeffer
Cayenne-Pfeffer
Pepperoncini-Gewürz
Paprika
Reis, Kartoffeln

Die Paprikaschoten werden geköpft und ausgehöhlt. In einem großen Topf werden sie dann eine knappe Viertelstunde gedünstet.
Die Zwiebeln werden in Öl und kleingehackten Chilis angebraten, wobei die Gewürze bereits mit in der Pfanne schmoren müssen.
Danach werden die Champignons hinzugefügt und alles gut angebrutzelt. Zum Schluß wird die Hackfleischmasse hinzugefügt und alles zusammen in die leeren Schoten gegeben. Dann werden die gefüllten Paprikaschoten im Backofen bei ca. 200° (eventuell mit würzigem Käse!) überbacken.
Dazu kann noch eine würzige Sauce zubereitet werden, die über den Reis oder die Kartoffeln kommt, die zusammen mit den gefüllten Paprikaschoten serviert werden.

Die Lieblingsgetränke des Wassermanns

Wird zum Essen ein pikantes Gericht serviert, wie etwa die beschriebenen würzigen Paprikaschoten, wird der Wassermann einen ausdrucksvollen Bordeaux vorziehen. Und seine Gäste werden es ihm zu danken wissen!

Ansonsten liebt er auch farbenfrohe Cocktails und leichte, spritzige Weißweine, die von der Mosel oder auch aus dem Elsaß stammen können.

Wie ich einen Wassermann verwöhne

Die Überraschung

Beim Wassermann kommt es nicht so sehr auf den Inhalt des „Verwöhnabends" an als vielmehr auf die Tatsache als solche. Einen Wassermann erfreuen Sie am besten dadurch, daß Sie ihn überraschen. Das wird er lieben. Je ungewöhnlicher dabei der Einfall ist, um so größer seine Begeisterung. Möglicherweise wird er das Lagerfeuer-Picknick nach einer Floßfahrt weitaus mehr schätzen als das Gala-Dinner in einem Drei-Sterne-Restaurant.

Eine Einladung zum Tanz

Wassermänner sind begeisterte Tänzer. Es böte sich daher an, ihn oder sie mit einer spontanen Einladung zum Salsa-

Tanz zu überraschen. Vielleicht läßt sich das Ganze ja noch durch ein südamerikanisches Büfett abrunden.
Es könnte ein wahrhaft gelungener Abend werden!

Kostümbälle

Bei seiner ausgeprägten Neigung zur Abwechslung zeigt der Wassermann große Sympathie für Verkleidungen aller Art oder Kostümbälle. Hier kann er seiner Phantasie so recht freien Lauf lassen; und Sie werden möglicherweise vor der Situation stehen, daß Sie Ihren Wassermann oder Ihre Wasserfrau gar nicht wiedererkennen, wenn sie vor Ihnen stehen. So perfekt ist ihr Kostüm.

Schönheitsfarm

Ein langes Verwöhn-Wochenende auf einer Schönheitsfarm wäre ein ideales Geschenk für männliche und weibliche Wassermänner. Sie haben nämlich wirklich Probleme mit dem Älterwerden; und auf so einer Schönheitsfarm werden sie natürlich wieder einmal „generalüberholt“!

Genießer oder Asket

Freude am Leben

Es ist schwer, über die im Zeichen des Wassermanns geborenen Menschen so etwas wie eine grundsätzliche Definition abgeben zu wollen. Diese luftigen Freigeister

vereinen einfach zu viele verschiedene Aspekte in sich.
Eines läßt sich aber wohl doch festhalten: Entsagung ist nicht ihre eigentliche Stärke! Sie leben einfach gerne und haben auch Freude am Genuß.
Hinzu kommt erschwerend beim Wassermann, daß er sich keinerlei Zwang unterziehen wird, in welcher Richtung auch immer. So läßt es sich schwer vorstellen, daß er sich der strengen Disziplin einer Fastenkur unterwerfen wird.
Aber, wie gesagt, beim Wassermann weiß man nie!

Nervennahrung

Der Wassermann, mit seiner kreativen Philosophie, wird im Ernstfall immer mit einem guten Argument bei der Hand sein, wenn es etwas zu erklären gibt.
So hat man schon häufig die brillante Erklärung gehört, daß die gerade mit Genuß verzehrten Leckereien nicht um des Genusses willen den Weg in seinen Magen gefunden haben, sondern sie dienten als „Nervennahrung".
In alten Zeiten pflegten weise Menschen dazu zu sagen: „Diese Ausrede ist einen Taler wert!"

Kapitel 6

Kinder

Mein kleiner Wassermann

Die kleinen Starrköpfe

Eigentlich sind kleine Wassermänner die Sonnenscheine der Familie, da sie als ausgesprochen „sonnige" Kinder gelten. Sie zählen allerdings nicht zu den Stubenhockern. Kaum haben sie die Krabbelphase hinter sich gelassen, werden sie aktiv und entwickeln eine große Lebhaftigkeit und Lebendigkeit.
Wenn es nicht nach ihrer Nase geht – und das wird es naturgemäß nicht immer –, können sie allerdings einen sehr unangenehmen Starrkopf aufsetzen. Dann gibt es ziemliche Probleme!

Die kleinen Selbständigen

Es ist immer wieder erstaunlich zu sehen, wie Wassermänner schon in jungen Jahren schon eine erstaunliche Unabhängigkeit an den Tag legen. Sie scheinen bereits als unabhängige Freigeister zur Welt zu kommen.
Diese Selbständigkeit drückt sich auch in einer gewissen Distanz zu ihren Nächsten aus und macht auch nicht vor ihren liebsten Menschen halt. Es ist, als wollte der Wassermann schon früh einen Zwischenraum zwischen sich und anderen aufbauen.

Die Gerechten

Bereits in ganz jungen Jahren wird der Wassermann auf die Barrikaden gehen, wenn er mit Ungerechtigkeit kon-

frontiert wird. Diese Kinder sind mit einem enormen Gerechtigkeitssinn ausgestattet, den sie auch kraftvoll zum Ausdruck bringen.
Wo immer ein Unrecht geschieht, und sei es auch noch so unbedeutend, ist ein kleiner Wassermann sofort bereit, entschieden einzugreifen und für Gerechtigkeit zu sorgen.

Die endlosen Fragen

Die berühmte Frage, warum die Banane krumm ist, dürfte von einem kleinen Wassermann stammen. Diese kleinen Luftikusse legen einen Wissensdurst an den Tag, der kaum zu stillen ist. Sie können ihren Eltern die sprichwörtlichen Löcher in den Bauch fragen.
Der kleine Wassermann ist an allem und jedem interessiert, wobei das jeweilige Interesse allerdings nicht lange anhält. Sie stürzen sich schnell voller Begeisterung auf eine Sache, lassen sie dann aber auch rasch wieder fallen. Um diesem Problem frühzeitig Einhalt zu gebieten und den Kleinen ein wenig mehr Beständigkeit zu vermitteln, sind die erzieherischen Fähigkeiten der Eltern gefragt!

Die kleinen Rechthaber

Ein kleiner Wassermann weiß alles, kennt alles und hat prinzipiell immer recht! Dabei wird er eine geradezu verblüffende Fähigkeit entwickeln, schon in ganz jungen Jahren äußerst geschickt und gescheit seine Position zu vertreten.
Wenn Sie einem dieser kleinen Schlauberger widersprechen, werden Sie möglicherweise mit einem wahren Anfall von Diskussionswut zu rechnen haben. Also Vorsicht!

Immer auf der Hut sein

Es liegt auf der Hand, daß die quirligen kleinen Wassermänner natürlich allerlei Unsinn anstellen. Und in der Tat haben sie jede Menge Unsinn im Kopf!
Als Eltern von solchen Schlingeln kann die Devise nur lauten: Immer auf der Hut sein! Es gilt praktisch ununterbrochen, nur das Schlimmste zu verhindern. Dabei kommt erschwerend hinzu, daß es nicht immer einfach ist, bei ihren witzigen Streichen ernst zu bleiben und erzieherische Autorität zu verkörpern. Eigentlich wollten Sie ja selber schon immer dem stets meckernden Nachbarn von nebenan den Zaun anstreichen. Aber so geht's natürlich doch nicht!
Oder sind die Kleinen vielleicht nur unverbogener und ehrlicher?

Kontaktfreudig und vertrauensselig

Kleine Wassermänner gehen mit offenen Augen und Armen auf die Welt zu. Sie sind absolut kontaktfreudig und außerordentlich vertrauensselig. Da bedarf es unbedingt einiger behutsamer Erklärungen, um den Kleinen die Gefahren der modernen Gesellschaft schonend und doch eindrücklich vor Augen zu führen.
Es erfordert viel Fingerspitzengefühl, um einem kleinen Wassermann einerseits alle Risiken zu erklären und andererseits seine spontane Offenheit nicht zu verbiegen.

Ich kann das schon!

Wenn Sie einen kleinen Wassermann aufzuziehen haben, werden Sie diesen Satz schon unzählige Male gehört ha-

ben. Diese kleinen Gesellen sind schon früh besorgniserregend selbständig und meinen, sie können die Welt schon nach ihren Wünschen gestalten. Sie versuchen alles „allein“, auch wenn es noch gar nicht möglich ist. Wenn es nach ihnen ginge, würden sie schon das elterliche Auto allein fahren!
Auch hier ist ein behutsames, aber entschiedenes Eingreifen unbedingt erforderlich.

Die Großzügigen

Es zählt zu den schönsten Eigenschaften der kleinen Wassermänner, daß sie überhaupt keine Schwierigkeiten mit dem „Teilen“ haben. Sie sind von früh an großzügig und geben ihren Freunden und Spielkameraden gerne etwas ab. Damit können sie durchaus einen pädagogischen Effekt auf andere Kleine haben.

Ich bin noch nicht müde

Neben dem Satz „Ich kann das schon“ dürfte dies der zweitbekannteste im Haus von Wassermann-Kindern sein. Es dürfte ihren Eltern extrem schwerfallen, für die Kleinen einen regelmäßigen Tagesablauf einzuführen. Den täglichen Mittagsschlaf werden Sie einem Wassermann-Kind nur mit List und Tücke beibringen können.
Sie lieben die Abwechslung und die Aktivität, und der Hinweis, es sei jetzt Schlafenszeit, reicht bei weitem nicht aus, um die Kleinen ins Bett zu kriegen. Sie deuten den Satz einfach nicht auf sich; vielleicht sollten „die anderen“ jetzt ins Bett gehen. Sie haben noch viel zu tun!
Es dürfte ihre Eltern viel Phantasie kosten, um ihr Erzie-

hungskonzept bei den kleinen Wassermännern und Wasserfräuleins umsetzen zu können.

Das Haustier

Man sollte kleine Wassermänner schon früh mit einigen Pflichten betreuen. Dabei wäre die Versorgung eines Haustieres eine sehr gute Wahl, da Wassermänner wahrscheinlich schnell Zugang zu dem neuen Hausbewohner finden werden.
Allerdings sollten die Eltern dann streng darauf achten, daß die übernommenen Pflichten (Katzenklo, mit dem Hund Gassigehen etc.) auch eingehalten werden; denn gerade damit haben die kleinen Wassermänner so ihre liebe Mühe!

An die Vernunft appellieren

Einen kleinen Wassermann aus Verärgerung über einen Streich anzuschreien, wäre pädagogisch der genau falsche Weg. Es gilt vielmehr, ihnen gegenüber logisch zu argumentieren und schon früh an ihre Vernunft zu appellieren. Wassermann-Kinder können erzieherische Impulse oder Ermahnungen am besten mit ihrem schon früh hellwachen Verstand aufnehmen.

Der Kindergarten

Der Kindergarten sollte dem kleinen Wassermann eigentlich einiges Vergnügen bereiten. Neue Gesichter und andere Spiele faszinieren ihn sofort, und er wird sich mühelos anpassen und neue Freundschaften schließen.
Allerdings kann es Ihnen passieren, daß er nach zwei

Jahren keinen Grund mehr sieht, noch in den Kindergarten zu gehen. Er kennt dort alle, und neue Spiele gibt es auch nicht mehr. Es wird ihm nichts mehr geboten, und er findet es langweilig im Kindergarten. Also beschließt der kleine Wassermann, dort nicht mehr hinzugehen. Jetzt haben Sie ein echtes Problem!
Es bleibt nur zu hoffen, daß kleine Wassermänner kreative Kindergärtnerinnen und Erzieher haben, die sie immer wieder neu fordern.

Die Schulzeit

Eine neue Welt

Der Wassermann, der immer auf der Suche nach dem Neuen ist, wird auch als Erstkläßler mit großer Begeisterung und Neugier in die Schule marschieren. Er wird selten Scheu an den Tag legen, sondern eher großes Interesse zeigen.

Jeden Tag Schule?

Die Regelmäßigkeit, die sich von nun an im Leben des Wassermanns einstellen wird, könnte ihm mißfallen. Es ist eine unschöne Vorstellung, von nun an *jeden Tag* in diese Schule gehen zu müssen. Das findet er nun wirklich langweilig.
Wenn er dann auch noch ein paar pädagogische Blindgänger erwischt, haben Sie als Eltern in der Tat ein riesiges Problem!

Wo liegen die Grenzen

Der Wassermann-Schüler wird immer wieder versuchen herauszufinden, wo die Grenzen liegen. Was ist noch erlaubt – und da hört bei seinen Lehrern die Freiheit auf. In dieser Hinsicht sind junge Wassermänner die reinsten „Grenzgänger"!

Alternative Schulsysteme

Dem auf Abwechslung ausgerichteten Wassermann wird vor allem an den staatlichen Schulen die starre Regelmäßigkeit und Disziplin stören. Er ist einfach ein zu unabhängiges Wesen, das ständig neue Ideen im Kopf hat. Vielleicht wäre für diese Kinder ein alternatives Schulmodell in Erwägung zu ziehen. Obwohl sie immer Probleme haben; denn wie kann man sich auf Mathe konzentrieren, wenn man gerade ganz andere Pläne im Kopf hat!?

Der originelle Schüler

Der Wassermann wird selten eine stetige, ausdauernde Arbeitsweise an den Tag legen. Er benötigt dafür Anleitung und Unterstützung. Prüfungen begegnet er gerne mit einer ausgeprägten Originalität, die allerdings nicht unbedingt den Kern der eigentlichen Fragestellung treffen muß.

Es bedarf daher eines Lehrers, der diese Originalität zu würdigen weiß und den Witz und den Hintersinn in manchen Antworten zu entdecken weiß, die scheinbar am Thema vorbeigehen.

Wassermann-Kinder und ihre Spielgefährten

Der große Freundeskreis

Wassermänner sind schon früh sehr kontaktfreudig, so daß Sie sicher schnell einen großen Freundeskreis im Hause haben werden. Es wird eher in die Quantität gehen, als daß Ihr junger Wassermann sich auf ein oder zwei ganz enge Freunde konzentriert.

Die Schülerzeitung

Die Gründung einer *unabhängigen* Schülerzeitung wäre durchaus ein Projekt, was einen jungen Wassermann begeistern könnte; und er wird gleich noch einen ganzen Schwung an Freunden mit in diese Aktivität einspannen. Wahrscheinlich wird das Blatt sogar gut lesbar werden!

Der kleine Forscher

Sein Interesse an allem und jedem kann sich auch in kleinen Forschertätigkeiten niederschlagen, die sich schon früh abzuzeichnen beginnen. Dabei kann das Spektrum vom Eintritt in den „Naturfreundebund“ bis hin zum Einreichen einer Arbeit bei „Jugend forscht“ reichen.

Der Ideenquell

Der Wassermann, der schon als Schüler immer etwas erleben will, wird schnell die Rolle des Ideengebers übernehmen. Seine Freunde können dann mitmachen, wenn sie sich trauen.

Kapitel 7

Freizeit

Die Reiseländer des Wassermanns

Iran

Der Wassermann wird selten zweimal an denselben Ort reisen, schließlich kennt er ihn ja schon. Und es gibt noch so unendlich viel Neues zu sehen. Beispielsweise den Iran!
Die alte persische Kultur mit ihrem breiten Spektrum an Mystik und Religion, Kunst und Kultur fasziniert den Wassermann.
Er muß allerdings bei einem Besuch darauf achten, daß sein immenser Freiheitsdrang nicht einmal mit bestimmten regionalen Eigenheiten in Konflikt kommt.

Israel

Das „heilige Land" wird den Wassermann nicht nur wegen seines unerschöpflichen Reichtums an Kultur, Religion und Menschheitsgeschichte interessieren, sondern auch wegen seines lebendigen Aufbruchscharakters gerade unter den jungen Israelis. Eine multikulturelle Stadt wie Tel Aviv, die vor Leben und Vitalität nur so pulsiert, entspricht ganz seinen Vorstellungen von städtischem Leben.
Wenn zu dieser Lebensfreude dann auch noch Kultur und Inspiration kommt, um so besser.

Schweden

Eigentlich ist Schweden, das Land mit der liberalsten Gesetzgebung in Europa, das klassische Wassermann-Land. Hier kommen seine Ideale von Freiheit und Ungebundenheit, von Offenheit und Toleranz voll zur Geltung. Die Menschen gefallen ihm ebenso wie die Schönheit des Landes. Hier wird geredet und geflirtet, hier gibt es anregende Diskussionen und endlose Abende, vor allem zur Zeit der Mitternachtssonne.
Wenn es überhaupt ein Land gibt, in das ein Wassermann zweimal reist, dann könnte die Wahl auf Schweden (oder zumindest Skandinavien) fallen.

Türkei

Wenn die Türkei nun auch seinen Idealen von Liberalität und Offenheit nicht in allen Punkten entspricht, so hat es ihm doch als großes Kulturland und Wiege vieler Traditionen eine Menge zu bieten.
Der Wassermann wird es lieben, durch die Ruinenlandschaften der großen Kulturstätten rund ums Mittelmeer zu streifen, aber er wird auch mit Interesse in einem Istanbuler Kaffeehaus engagiert an anregenden Diskussionen über Allah und die Welt teilnehmen. Es gibt schließlich immer und überall etwas zu lernen, und der Wassermann ist stets offen für andere Meinungen und Überlieferungen.

Der Wassermann und seine Hobbys

Hobbys auf Zeit

Wenn es um die Hobbys des Wassermanns geht, so muß an dieser Stelle etwas Grundsätzliches festgestellt werden. Der Wassermann wird nur in den allerseltensten Fällen einem Hobby ein Leben lang nachgehen. In den meisten Fällen wird es ein Kurzzeit-Hobby sein, das für eine Weile seine Aufmerksamkeit fesselt, um dann durch ein neues abgelöst zu werden.
Häufig kommt es auch vor, daß der Wassermann das Hobby seines gegenwärtigen Partners/seiner gegenwärtigen Partnerin zu seinem eigenen erklärt. Sollten Partner oder Partnerin dann wechseln, wechselt er das Hobby gleich mit.
Wassermänner sind eben unglaublich flexibel!

Mode

Das Modebusineß wird den Wassermann immer faszinieren, wobei das sowohl für Männer wie auch für Frauen gilt. Besonders das Entwerfen von Modellen und Schnittmustern findet seine Zuneigungen. Hier kann sich seine Kreativität und sein Sinn für Formen und Farben voll entfalten.

Die Tierfreunde

Wassermänner zählen zu den großen Tierfreunden. Vor allem wenn sie von Kindheit an den Umgang mit ihren vierbeinigen Freunden gewöhnt wurden, bleibt diese Liebe erhalten. Sie können sich dann im Tierschutzbund oder anderen Organisationen engagieren, um so Tieren in Not zu helfen.

Ökologie

Wenn es nicht die Sorge um die bedrohte Tierwelt ist, so können es andere Öko-Gruppen sein, denen der Wassermann sein Engagement schenkt. Überall dort, wo er eine Gefährdung von Tier und Pflanze durch den Menschen sieht, kann er sich aufgerufen fühlen, helfend und korrigierend einzugreifen.

Das Kulturleben

Besteht für den Wassermann die Chance, an irgendeiner Premiere in Theater, Kino oder Konzert dabeizusein, wird er mit wahrer Begeisterung versuchen, noch ein Ticket zu bekommen. Es ist und bleibt für ihn aufregend, als einer der ersten etwas Neues mitzuerleben. Daran wird sich bis ins hohe Alter auch nichts mehr ändern!

Science fiction

Im Buchbereich oder auch auf der Leinwand wird die Science fiction eines seiner bevorzugten Interessensgebiete sein. Die Vorstellung von fremden Welten, unbekann-

ten Wesen und fernen Dimensionen fasziniert den Wassermann und regt seine Phantasie an.
Sollte er selbst schriftstellerisch begabt sein, wäre dies sicherlich sein bevorzugtes Genre.

Risikosportarten

Schach oder Kartenspiele werden den Wassermann nicht unbedingt in Begeisterungsstürme ausbrechen lassen. Er liebt es schnell und gefährlich. Alle Formen von Risikosportarten werden ihn magisch anziehen, wobei es einige besondere Lieblinge gibt.
Auto- oder Motorradrennen begeistern den Wassermann. Mit 300 Sachen über eine Rennstrecke zu fegen, ist ein alter Traum des Wassermanns.
Wildwasser-Fahren im Kanu oder Kajak trifft auch auf seine ungebrochene Zustimmung. Dabei liebt er besonders die gefährlichen Strudel und Stromschnellen. Es wäre unbedingt zu empfehlen, ihn vor der ersten Fahrt erst im Becken zu testen, ob er auch die lebenswichtige „Eskimorolle" perfekt beherrscht.
Paragliding oder Drachenfliegen wäre dann das Nonplusultra für den Wassermann. Sich in luftiger Höhe den Winden auszusetzen und in *seinem Element* zu Tal zu schweben, wäre schlechthin das Größte.
Bleibt nur zu hoffen, daß die natürliche Vernunft, über die der Wassermann und die Wasserfrau von Geburt an verfügen, ihnen stets die gesunden Grenzen des Risikos aufzeigen.

Kapitel 8

Der Mond und die Tierkreiszeichen

Allgemeines über den Mond

Der Mond benötigt knapp achtundzwanzig Tage (genau 27,32), um einmal um die Erde zu ziehen. Die gleiche Zeit benötigt er, um sich einmal um die eigene Achse zu drehen.

Da der Mond selbst kein Licht abstrahlt, reflektiert er lediglich das Licht der Sonne. So hängen die sogenannten Mondphasen (Neumond, abnehmender Mond, Vollmond und zunehmender Mond) von seiner Position zu Erde und Sonne ab.

Wenn man davon spricht, daß z. B. der Mond eines Menschen im Widder steht, so ist damit der Stand des Mondes im Augenblick der Geburt dieses Menschen gemeint. Sie können diese Information Ihrem persönlichen Horoskop entnehmen, das Sie sich von einem Astrologen erstellen lassen, oder aus den gängigen Mond-Tabellen Ihres Geburtsjahres.

Neben dem Mond im persönlichen Horoskop gibt es natürlich noch die Mondphasen des täglichen Erdenlebens. Sie können also den Mond in Ihrem Horoskop im Schützen stehen haben, der heutige Tag dagegen zeigt den Mond in der Jungfrau. Sie können den täglichen Stand des Mondes leicht anhand der vielen Mond-Tabellen für das laufende Jahr ablesen.

Wer hat nicht schon einmal eine schlaflose Vollmondnacht verbracht oder anderweitig den Einfluß des Mondes gespürt? Wenn man etwa Kartoffeln an Tagen erntet, an denen der Mond im Stier steht, wird man feststellen, daß diese länger als im Vorjahr eine glatte Haut bewahren. Es empfiehlt sich zudem in Gesundheitsfragen, etwa bei an-

stehenden Operationen, den Stand des Mondes zu beachten. Es wäre durchaus ratsam, einen anstehenden Zahnarzttermin um ein paar Tage zu verschieben!
Im nachfolgenden Text wird zuerst der Mond im Horoskop behandelt, danach der Einfluß des Mondes im täglichen Leben. Beides ist so leicht zu unterscheiden.

Der Mond im Widder

Unter dieser Konstellation finden wir Menschen, die mit ihrer ehrlichen Meinung nicht „hinter dem Mond" halten. Es sind die entschlossenen, mutigen Menschen, die ihre Unabhängigkeit sehr schätzen.
Allerdings kann es ein Problem mit ihrer Gereiztheit geben. Sie reagieren auf ein unglücklich gewähltes Wort schon einmal mit einem spontanen Wutausbruch.
Menschen mit einem Mond im Widder können, wenn sie unglücklich sind, eine unangenehme sarkastische Neigung entwickeln.
Frauen, die einen Mond im Widder haben, können starke männliche Anteile aufweisen, wenngleich es sich nicht gleich um militante Blaustrümpfe handeln muß!

Im täglichen Leben

Wenn der Mond im Widder steht, sind die Menschen häufig gereizter als normalerweise. Auch im Straßenverkehr tippt der Finger öfter an die Stirn als an anderen Tagen. Zudem ist Vorsicht an Kreuzungen angesagt!
Obwohl in der Regel an solchen Tagen die Dinge leichter

von der Hand gehen, sollten Sie sich vor Streß hüten. In diesem Fall wären Kopfschmerzen vorprogrammiert.
Mit dem Mond im Widder haben Sie die Chance schlechthin, bei Ihrem Chef wegen einer Gehaltserhöhung vorstellig zu werden. Vorwärts – dem Mutigen gehört die Welt!
Sollten Sie ein freudiges Ereignis planen, so ist die Wahrscheinlichkeit, daß es ein Junge wird, sehr groß!
Wenn Sie gerne im Garten arbeiten, sollten Sie jetzt die Bäume beschneiden; auch das Düngen von Gemüse kann auf keinen besseren Zeitpunkt fallen. Gemüse, das schnell geerntet werden soll, stecken Sie am besten heute in die Erde. Vor allem die Tomaten sollten Sie unbedingt dann setzen, wenn der Mond im Widder steht.

Der Mond im Stier

Die treuesten Seelen haben ihren Mond im Stier. Diese Menschen lieben die Behaglichkeit und Ruhe, denn sie ist unbedingt wichtig für ihren Seelenfrieden. Es sind sinnliche Ästheten, die allerdings ihre gewohnten Lebensrhythmen benötigen. Sie werden gerne verwöhnt, aber sie verwöhnen auch gerne. Sie haben eine feine Nase, und die guten Düfte regen den Appetit an. Daher sind Menschen mit dem Mond im Stier nicht selten übergewichtig.
Der Stier ist ein Gewohnheitstier, und Menschen mit dem Mond im Stier neigen zu ausgeprägten Gewohnheiten, die manchmal in einer ermüdenden Monotonie und Langeweile enden können. Dann werden sie richtig schwerfällig.

Im täglichen Leben

Wenn der Mond im Stier steht, beherrschen die langsamen Tätigkeiten den Tagesablauf. Es wird um Dinge gehen, die eine lange Ausdauer erfordern. Dafür werden Sie sich harmonisch und ausgeglichen fühlen, was die Arbeit erleichtert.

Steht der Mond im Stier, sollten Sie keine Mandel- oder Halsoperationen vornehmen lassen. Es würde Ihnen nicht gut bekommen!

Wollen Sie ein neues Haus kaufen oder einen Mietvertrag unterschreiben, dann warten Sie bitte, bis der Mond den Stier wieder verlassen hat. Sie könnten sich viel Ärger ersparen!

Sollten Sie heute vor einem freudigen Ereignis stehen, seien Sie sicher – es wird ein Mädchen.

Ruft Sie der Garten, sollten Sie jetzt dem Ungeziefer im Erdreich auf die Pelle rücken. Heute könnten Sie den Biestern richtig zusetzen!

Der Mond im Zwilling

Kennen Sie nicht auch jemanden in Ihrem Freundeskreis, dessen Redefluß kaum zu stoppen ist? Die Chancen stehen sehr gut, daß er seinen Mond im Zwilling hat. Solche Menschen benötigen einen regen Gedanken- und Gefühlsaustausch und geraten immer wieder in Situationen, die sie äußerst anregend finden.

Mit dem Mond im Zwilling haben wir einen vielseitigen, spritzigen und unternehmungslustigen Menschen vor uns,

der immer wieder auch Schwung ins Leben anderer Menschen bringen kann. Gelegentlich wird Menschen mit dieser Konstellation unterstellt, sie seien oberflächlich; aber Sie werden kaum einen interessanteren Gesprächspartner finden.
Wenn Sie dringend eine Nachricht übermitteln müssen, das Telefon aber dauernd besetzt ist, dann quasselt an der anderen Leitung ein Zwillings-Mond. Fassen Sie sich in Geduld, es kann lange dauern!

Im täglichen Leben

Es ist die richtige Zeit, um neue Kontakte zu knüpfen. Wollten Sie nicht schon immer die netten neuen Nachbarn zum Essen einladen? Vielleicht sollten Sie auch etwas Lustiges, Ungewöhnliches für den Abend planen. Wie wäre es mit einem aufregenden Blind-Date?
Sie können mit dem Mond im Zwilling aber auch brav zu Hause sitzen und Ihren Studien nachgehen. Die Zeit dafür ist günstig.
Auch Briefe, die schon lange auf eine Antwort warten, könnten jetzt in Angriff genommen werden.
Ein glückliches Ereignis? Heute wird es ein Junge!
Ist Hausputz angesagt, werden die Fenster heute mehr glänzen als sonst, obwohl die ganze Sache scheinbar mühelos ablief. Lassen Sie sich jetzt nicht stoppen; es ist die richtige Zeit, um wieder einmal die ganze Wohnung kräftig durchzulüften.
Im Garten sollten Sie jetzt rankende Pflanzen säen.

Der Mond im Krebs

Die Krebs-Monde kennzeichnen die ganz zart besaiteten Wesen des Tierkreises. Sie nehmen alle Einflüsse auf wie ein feuchtes Tuch. Es sind Menschen mit einer ausgeprägten Feinfühligkeit, die aber gepaart ist mit außerordentlicher Launenhaftigkeit.

Mit dem Mond im Krebs braucht es enorm viel Geborgenheit, sonst gibt es Probleme. Mit dieser Konstellation kann es auch eine starke Furcht vor dem Unbekannten geben, und daraus entstehend eine gewisse Unbeweglichkeit.

Menschen mit dem Mond im Krebs sind ausgesprochen liebevoll und lesen ihren Mitmenschen alle Wünsche von den Lippen ab. Allerdings können sie sich auch stark anklammern und festhalten.

Im täglichen Leben

Heute sollten Sie Besuch einladen und ihn verwöhnen, er wird es Ihnen danken. Servieren Sie aber kein schweres Essen, denn an diesen Tagen ist der Magen sehr empfindlich!

Lassen Sie die Seele baumeln, denn es ist nicht unbedingt die Zeit, um Bäume auszureißen und Berge zu versetzen. Besser Sie widmen sich Ihrer Familie.

Sollten Sie sich jetzt einsam fühlen, nehmen Sie sich selbst nicht zu ernst, in wenigen Tagen oder Stunden schaut die Welt schon wieder ganz anders aus; denn es ist keine schlechte Zeit für den Beginn einer neuen romanti-

schen Liebe. Allerdings sollten Sie sich vor zu großer Empfindlichkeit hüten. Dafür ist später auch noch Zeit!
Ein glückliches Ereignis – heute wird es ein Mädchen!
Sollten Sie nicht gerade dem Hausputz frönen, packen Sie Ihre Sachen, und gehen Sie schwimmen und anschließend in die Sauna, es ist genau der richtige Zeitpunkt für solche Aktivitäten.
Und weil wir schon bei den feuchten Aktivitäten sind, heute ist ein guter Waschtag. Die hartnäckigen Flecken können Sie heute endlich entfernen!

Der Mond im Löwen

Die Löwe-Monde sind die Menschen mit dem sonnigen Gemüt. Sie können jugendlich verspielt sein; und sie sind großzügig in allen Lebensbereichen. Sie sollten aber beachten, daß diese Menschen im Mittelpunkt stehen wollen, das ist für sie sehr wichtig!
Sie strahlen viel Herzenswärme aus und verfügen über einen angeborenen Beschützerinstinkt. Sie werden auch feststellen, daß die Löwe-Monde ganz automatisch eine Führungsrolle einnehmen und sich damit ganz prächtig fühlen. So wollen sie es haben! Für ihre Mitmenschen ist dieses „Ich-bin-so-toll"-Gefühl allerdings nicht immer leicht zu ertragen, und die Arroganz der Löwe-Monde ist manchmal schwer auszuhalten.

Im täglichen Leben

Munter hinein ins Vergnügen! Feste, Parties und sportli-

che Aktivitäten werden unter dieser Konstellation groß geschrieben. Sie sollten allerdings darauf achten, es nicht zu übertreiben. Es gibt Seitensprünge, die einem später Kopfschmerzen bereiten!
Wenn Sie unters Messer müssen, dann bitte heute keine Herzoperationen. Überhaupt sollten Sie bei dieser Mond-Konstellation auf Herz und Kreislauf achten!
In Ihrem Umfeld können Sie heute Ihre Kompetenz beweisen. Stellen Sie also gerade heute Ihr Licht nicht unter den Scheffel!
Wenn Sie ausgehen wollen, wäre Oper oder Theater die erste Wahl.
Ein freudiges Ereignis geplant? – Heute wird es ein Junge!
Und nicht vergessen: Heute Körperpflege und vor allem Haare schneiden. Sie werden überrascht sein!

Der Mond in der Jungfrau

Die Ordnung hält Einzug. Es findet sich Systematik und sorgfältige Planung in allen Lebensbereichen.
Menschen mit dem Mond in der Jungfrau zählen zu den „Dienern des Lebens“. Sie betrachten andere und stellen fest, daß sie selbst nur an zweiter Stelle stehen. Manchmal kommt dann Neid auf, aber letztlich siegt die Vernunft.
Unter dieser Konstellation kann es zu einer gewissen Kritiksucht kommen, die äußerst unangenehm auf die Mitmenschen wirkt. Zudem kommen die Jungfrau-Monde mit einer gewissen distanzierten Kühle daher, was sie etwas unnahbar wirken läßt. Oft findet sich dahinter aber eine große Tiefe und Gefühlsintensität. Wenn sie sich

öffnen könnten und spontaner wären, würde sich das Leben von einer leichteren Seite zeigen.
Im Körper können sich die Eingeweide und die Nerven melden – es ist dann Zeit zum Entrümpeln der Psyche. Frisch und mutig an die Arbeit!

Im täglichen Leben

Es ist wahrlich nicht der Tag für die romantischen Treffen bei Kerzenschein. Der Besuch bei der alten Tante im Altersheim ist angesagt – sie wird es Ihnen danken. Dienen ist Trumpf!
Besser Sie schaffen heute Ordnung oder belegen einen Kochkurs, denn es ist nicht die Zeit für spontane Einfälle!
Wartet nicht schon lange Ihre Steuererklärung auf Sie?
Ein freudiges Ereignis geplant? – Es wird ein Mädchen!
Im Haus sollten Sie die Haare schneiden; draußen die Balkonpflanzen setzen. So ist die Zeit gut genutzt!

Der Mond in der Waage

Die Zeit der Aussöhner und Schlichter ist gekommen! Die Waage-Monde sind geradezu nach Harmonie süchtig. Bei Streiks sollten die Schlichter grundsätzlich nur mit einem Waage-Mond zugelassen werden!
Im Körper kann es bei dieser Mond-Stellung zu starken Hautreaktionen kommen, auch die Nieren sollten im Auge behalten werden.
Es sind Menschen, die der Schönheit sehr zugeneigt sind.

Häufig finden wir hier auch äußerst begabte Künstler, die allerdings Schwierigkeiten haben, sich genau festzulegen. Die Waage pendelt stets hin und her. Waage-Monde müssen lernen, sich zu entscheiden und Abhängigkeiten zu vermeiden.

Im täglichen Leben

Gehen Sie Ihren gesellschaftlichen Interessen nach, und genießen Sie das Leben. Es ist die richtige Zeit für einen Stadtbummel.
Heute ist das Selbstbewußtsein etwas schwach ausgeprägt, und Entscheidungen fallen Ihnen schwerer als sonst. Warten Sie einfach, bis der Mond in den Skorpion wechselt. So lange dauert das ja nicht!
Verschönern Sie inzwischen Ihre Wohnung. Sie werden sie selbst nicht wiedererkennen.
Wenn Sie nach draußen gehen oder im Haus herumrennen, vergessen Sie die warmen Socken nicht, Ihre Blase wird es Ihnen danken!
Ein freudiges Ereignis geplant? – Es wird ein Junge!

Der Mond im Skorpion

Die Skorpion-Monde haben ein ausgeprägtes Durchsetzungsvermögen, das bis zur Rücksichtslosigkeit gehen kann. Sie sind entschlossen und bevorzugen große Unabhängigkeit in ihrem Gefühlsleben. Es sind oft sehr verschlossene Menschen, die aber durch ihr Wesen die Belastbarkeit und Gefühlswelt ihrer Mitmenschen prüfen.

Sie können gar nicht anders; und sie kennen dabei keine Grenzen.
Mit dem Mond im Skorpion haben Sie die Gabe, unbewußt die Fehler Ihrer Mitmenschen zu erfühlen und direkt zur Sprache zu bringen. Das macht Sie nicht unbedingt zu jedermanns Liebling!
Die Skorpion-Monde sind faszinierende, geheimnisvolle Menschen, die man nie ganz versteht. Daher kommt der Ausdruck vom Skorpion-Blick, der tief in die Seele zu schauen scheint. Aber man kann nicht in die gleiche Tiefe zurückschauen!

Im täglichen Leben

Haben Sie bestimmte Gefühle lange verdrängt, so kommen diese an Skorpion-Tagen an die Oberfläche und machen Ihnen und anderen zu schaffen. Trotzdem können Sie heute alle anstrengenden Arbeiten gut erledigen.
Achtung: Heute ist alles explosiver als sonst – auch im Bett!
Skorpion-Tage sind gut für Füllungen beim Zahnarzt, wobei es möglichst zunehmender Mond sein sollte! Auch die Dauerwelle hält heute einfach länger und strapaziert die Haare weniger. Es sollte sich auch möglichst zunehmender Mond am Himmel zeigen.
Ein freudiges Ereignis geplant? – Es wird ein Mädchen.
Im Garten reagieren die Pflanzen an diesen Skorpion-Tagen besonders gut auf den Dünger; allerdings sollte es bei ihnen abnehmender Mond sein.

Der Mond im Schützen

Menschen mit dieser Mondstellung suchen nach dem Sinn des Lebens. Sie sind erfüllt von einem ausgeprägten Idealismus, und für die „wahre“ Sache setzen sie sich mit allen Kräften ein. Sie fühlen sich in der Welt der Philosophie zu Hause.

Sie verfügen über die Fähigkeit, andere durch ihren Idealismus mitzureißen, ohne dabei auf ihre Überredungskünste zurückgreifen zu müssen. Sie überzeugen einfach durch ihr Dasein!

Es sind freie Seelen, denn die Freiheitsidee ist ihnen schon in die Wiege gelegt worden! Manchmal sind ihre Höhenflüge allerdings unrealistisch; doch ohne sie könnten die Schützen-Monde einfach nicht leben!

Im täglichen Leben

Wenn Sie eine interessante Kurzreise planen – jetzt ist der richtige Zeitpunkt. Auch für schwierige Gespräche ist jetzt ein guter Zeitpunkt, denn Toleranz ist angesagt. Wollten Sie nicht schon lange Ihre „geliebte“ Schwiegermutter anrufen?

Hüten Sie sich vor zu großen Versprechungen; denn wenn der Mond in den Steinbock wandert, schaut die Welt schon wieder ganz anders aus!

Es ist ein Tag, um nach innen zu gehen und über die großen Lebensfragen zu meditieren. Heben Sie aber bitte nicht ab!

Vielleicht wollen Sie sich auch um einen neuen Job bemü-

hen oder nur eine Gehaltserhöhung fordern – heute ist Ihr Tag!
Wenn Ihnen nichts anderes einfällt, dann gehen Sie einfach wieder einmal ins Museum oder rufen einen vernachlässigten Freund an. Dann ist die Zeit genutzt.
Ein freudiges Ereignis geplant? – Es wird ein Junge!
Im Garten sollten Sie, bei abnehmendem Mond, den Rasen mähen oder das Gemüse düngen.

Der Mond im Steinbock

Menschen mit dieser Mondstellung unterliegen einem inneren Ehrgeiz, der sie einem starken Druck aussetzt. Sie legen an sich selbst enorm strenge Maßstäbe an, denen sie dann manchmal selbst nicht gewachsen sind. Sie wirken unnahbar, da sie ihr Gefühlsleben sehr stark kontrollieren. Es handelt sich bei dieser Konstellation um Einzelkämpfer, die allein sich selbst Vertrauen schenken. Ihre Gefühlswelt scheint gar nicht zu existieren, daher wirken sie auf andere kalt und fast wie erstarrt.
Für Steinbock-Monde wäre es lebenswichtig, aus einer selbst angelegten Zwangsjacke auszubrechen und sich zu befreien!

Im täglichen Leben

Wollen Sie eine Lebensversicherung abschließen, so ist diese Mondstellung eine hervorragende Ausgangslage.
Es ist nicht gerade eine Zeit für ausgelassene Feste, Pflichten sind eher angesagt. Da aber gegenwärtig die persönli-

chen Wünsche und Sehnsüchte ohnehin nicht im Vordergrund stehen, läßt sich alles bewältigen. Zudem wird man an diesen Steinbock-Mondtagen ohnehin nicht leicht unter Ermüdung leiden.
Haut und Nägel sollten bei abnehmendem Mond gepflegt werden, auch die Zahnreinigung wäre keine schlechte Geschichte. Ab zum Zahnarzt!
Ein freudiges Ereignis geplant? – Es wird ein Mädchen!
Im Garten ist Unkrautjäten bei abnehmendem Mond angesagt; bei zunehmendem Mond dagegen sollte umgetopft werden!

Der Mond im Wassermann

Hier treffen wir die Weltverbesserer, denn die Menschen mit dem Mond im Wassermann sind mit einem starken Gerechtigkeitssinnn ausgestattet. Freiheit ist die Grundstimmung, die ihr Leben prägt und auf der sie alle Aktivitäten aufbauen. Sie schneiden die alten Zöpfe ab und leiten Reformen ein.
Es können ruhelose Geister sein, die innerlich ständig angetrieben werden und auf der Suche nach der Wahrheit sind. Ihre rastlose Suche läßt sie aber Ideen für eine neue Zeit entwickeln. Darunter kann dann auch schon einmal eine „verrückte" Idee sein.
Mit dem Mond im Wassermann sind Sie ständig auf Achse. Langeweile und Eintönigkeit bringen Sie um! Sie brauchen das Ungewöhnliche zum Leben.
Durchblutungsstörungen und Kreislaufprobleme sollten Sie bei dieser Mond-Stellung ernst nehmen!

Im täglichen Leben

Es ist die Zeit für Teamarbeit! Gemeinsame Ideen können ein phantastisches neues Projekt auf den Weg bringen. Vielleicht wollen Sie aber auch nur den Keller entrümpeln oder die Fenster putzen. Bei abnehmendem Mond wären das die richtigen Aktivitäten!
Joggen oder Tanzen könnten Ihnen auch zusagen, denn die Energie stimmt!
Bei zunehmendem Mond können Sie auch an die neuen Zahnfüllungen denken. Jetzt passen sie!
Ein freudiges Ereignis geplant? – Es wird ein Junge!
Im Garten können Sie bei Vollmond und bei abnehmendem Mond die Blumen düngen.

Der Mond in den Fischen

Menschen mit einem Fische-Mond zeichnen sich durch eine liebevolle Aura aus, die es anderen Menschen erleichtert, ihnen Vertrauen zu schenken. Sie strahlen Freundlichkeit und Hilfsbereitschaft aus, die gerne in Anspruch genommen werden.
Es sind tiefe Seelen, deren unergründliche Seelenwelten von der Außenwelt oft nicht erkannt werden, da sie sich ganz in ihrer eigenen Welt abspielen. Der innere Ozean der Fische-Menschen!
Unter allen Mond-Typen sind sie die feinfühligsten, daher haben sie die größten Probleme mit dem Leiden anderer. Ähnlich den Krebs-Monden können sie sich nur schwer abgrenzen.

Manchmal versäumen sie vor lauter Träumerei das „richtige" Leben. Sie müssen Boden unter den Füßen fassen und ihr Selbstvertrauen verbessern.

Im täglichen Leben

Das große Gefühl ist angesagt. Nehmen Sie sich alle Taschentücher, und schauen Sie sich im Kino die großen Liebesschnulzen an. Es ist die richtige Zeit, um sich total auszuheulen!
Instinkte und Gefühle bestimmen an diesen Tagen alles Leben; und Sie werden auch spüren, wenn jemand Ihre Hilfe benötigt. Heute können Sie sie ganz mühelos verschenken.
Entspannungsübungen und Massagen werden sich jetzt als besonders wirksam erweisen.
Waschen und Sauna-Besuche sind bei abnehmendem Mond anzuraten; auch ein Zahn könnte, wenn es denn sein muß, jetzt gezogen werden.
Ein freudiges Ereignis geplant? – Es wird ein Mädchen!

Kapitel 9

Berühmte Wassermänner

Berühmte Frauen

Virginia Woolf (geb. 25. 1. 1882)

Eine der geheimnisvollsten und kraftvollsten Frauengestalten des abgelaufenen Jahrhunderts! Sprichwörtlich berühmt wurde sie durch Tennessee Williams' berühmtes Werk „Wer hat Angst vor Virginia Woolf?".

Juliette Grecó (geb. 7. 2. 1927)

Eine von Frankreichs größten Chanson-Sängerinnen. Eine Frau, die einen unwiderstehlichen Charme besaß, obwohl sie gleichzeitig kühl und distanziert wirkte. Eine einzigartige Stimme und eine außergewöhnliche Persönlichkeit.

Kim Novak (geb. 18. 2. 1933)

Eine der charmantesten und liebenswertesten Hollywood-Schauspielerinnen. Sie verkörperte in ihren Rollen so einzigartig glaubwürdig Charme und Leichtigkeit einer Wassermann-Frau, daß man geneigt war anzunehmen, sie müsse auf der Leinwand nur sich selbst spielen.

Paula Modersohn-Becker (geb. 8. 2. 1876)

Die eigenwillige Künstlerin, die im „Worpsweder Kreis" eine bedeutende Rolle spielte und Muse und Inspiration für eine Reihe großer Persönlichkeiten war, verkörperte schon am Anfang des 20. Jahrhunderts weibliche Unabhängigkeit und Selbstbewußtsein.

Berühmte Männer

Bertolt Brecht (geb. 10. 2. 1898)

Einer der bedeutendsten deutschsprachigen Autoren des 20. Jahrhunderts. In seinem Werk kommt der Gerechtigkeits-Gedanke, wie er typisch für den Wassermann ist, in exemplarischer Weise zum Ausdruck.

Charles Lindbergh (geb. 4. 2. 1902)

Der legendäre Flieger demonstrierte in einmaliger Art und Weise die Beherrschung seines „luftigen Elements“. Als Pionier und Abenteurer verkörperte er in Vollendung die Qualitäten des Wassermanns.

Thomas Alva Edison (geb. 11. 2. 1847)

Der legendäre Erfinder offenbarte durch sein Leben, welcher unglaubliche Erfindungsreichtum im Geist eines Wassermanns verborgen liegen kann. Er zeigte der Welt, daß ihr durch den Wassermann wahrhaft ein „Licht aufgehen kann“!

Theodor Heuss (geb. 31. 1. 1884)

Der erste Bundespräsident der damals noch jungen Bundesrepublik Deutschland. Ein Mann, der später als die Verkörperung des „liberalen Geistes“ angesehen werden sollte und in beeindruckender Weise Offenheit, Freiheit und Toleranz in seinem Amt zum Ausdruck brachte.

Die Autoren

Petra Michel (Sternzeichen: Krebs, Aszendent: Löwe, Mond: Skorpion). Physikstudium, danach führende Stellung in der deutschen Industrie. Langjähriges Astrologiestudium, unter anderem bei Huber und Claude Weiss. Heute Leiterin eines Verlages in den USA.

Annette Wagner (Sternzeichen: Krebs, Aszendent: Schütze, Mond: Zwilling). Eurythmiestudium, danach Tätigkeit in der Wirtschaft. Langjähriges Astrologiestudium. Seit zehn Jahren Prokuristin in der Verlagsindustrie.

Dr. Peter Michel (Sternzeichen: Krebs, Aszendent: Löwe, Mond: Schütze). Studium der Philosophie, Theologie und Religionswissenschaft, danach Gründung des Aquamarin Verlages. Autor zahlreicher Sachbücher zu den Themen Mystik und Esoterik.

Nützliche Anschriften:

Astrologen, die wir empfehlen können:

Jacques Suijkerbuijk
Im Eggerfeld 53
D-85560 Ebersberg

Bach-Blüten-Therapeuten:
Dr. Katarina Michel
c/o Lichtwelten
Bruderturmgasse 6
D-78462 Konstanz

Dazu gibt es in Deutschland, Österreich und der Schweiz Zentren für die Bach-Blüten-Therapie. Auskünfte erteilen Apotheken und Naturkostläden.

Aura-Soma:

Camelot, Gohrstraße 24, D-42579 Heiligenhaus

Hanni Reichlin-Meldegg, Zehenthofgasse 27, A-1190 Wien

Chrüter-Drogerie Egger, Unterstadt 28, CH-8200 Schaffhausen